Anselm Grün / Wunibald Müller (Hrsg.)

INTIMITÄT UND ZÖLIBATÄRES LEBEN

Anselm Grün/Wunibald Müller (Hrsg.)

INTIMITÄT UND ZÖLIBATÄRES LEBEN

Erfahrungsberichte von Priestern und Ordensleuten

echter

Die Deutsche Bibliothek – CIP-Einheitsaufnahme

Intimität und zölibatäres Leben: Erfahrungsberichte von Priestern und Ordensleuten / hrsg. von Anselm Grün und Wunibald Müller. – Würzburg: Echter, 1995
ISBN 3-429-01702-5
NE: Grün, Anselm [Hrsg.]

Umschlag: Ernst Loew
Gesamtherstellung: Echter Würzburg
Fränkische Gesellschaftsdruckerei und Verlag GmbH
ISBN 3-429-01702-5

Inhalt

Vorwort 7

HINFÜHRUNG

Wunibald Müller
Intimität und zölibatäres Leben 11

Anselm Grün
Intimität und Gotteserfahrung 16

1. Kapitel
VON DER INNENSEITE DER AUSSENSEITE

Von der Innenseite der Außenseite 27
Was mich im Innersten berührt, jemand mitteilen können 32
Das Wort Liebe bekam eine neue Dimension 36
Wie unsere Liebe leben? 42

2. Kapitel
GRATWANDERUNG

Eine ständige Gratwanderung 51
Sehnsucht als Wunsch nach Begegnung und Zärtlichkeit 54
Intimität hat in meinem Alltag viel mit Aufmerksamkeit zu tun 57
Ein gefährliches Spiel mit dem Feuer 63

3. Kapitel
FREUNDSCHAFT ALS MENSCHWERDUNG

Freundschaft als Menschwerdung und Ganzwerdung . . . 69
Meine Beziehung zu Sr. Paula 79
Ohne diese Beziehung wäre ich nicht das, was ich bin . . 83
Auf Nähe und Intimität angewiesen 87

4. Kapitel
ENGEL AM LEBENSWEG

Tiefen-Intimität mit Jesus in mir und in anderen 93
Eine tiefe Geborgenheit 100
Engel an meinem Leidensweg 104
Dankbar für die Erfahrung einer intensiven Beziehung . . 108

5. Kapitel
EINS SEIN MIT GOTT

Meine intimste Beziehung ist die zu Gott 113
Ich möchte in der großen Sinfonie der Liebe Gottes eine kleine Melodie sein 119
Sehnsucht nach totalem Einssein 125
Das anbrechende Gottesreich nimmt meine sexuellen Kräfte in seinen Dienst 130

EPILOG

WUNIBALD MÜLLER
»Wir werden niemals ganz wirklich sein, solange wir nicht zugelassen haben, uns zu verlieben« 139

Literatur 144

Vorwort

Intimität kann auf ganz unterschiedliche Weise erfahren werden: in familiären Beziehungen, in einer Gemeinschaft, in tiefen, bedeutungsvollen Beziehungen zu Menschen oder auch in einer tiefen, innigen Beziehung zu Gott. Für den Mann und die Frau, die aus religiösen Gründen zölibatär leben beziehungsweise leben wollen, ist es wichtig, daß sie in ihrem Leben die Erfahrung von Intimität machen, das heißt, daß die Erfahrung von Intimität für jeden Menschen notwendig ist, unabhängig davon, ob er nun verheiratet ist oder ehelos lebt.
Welche Erfahrungen mit einer so verstandenen Intimität zölibatär lebende Menschen machen, will die vorliegende Veröffentlichung illustrieren. Es wird dabei unter anderem der Frage nachgegangen, ob und wie es überhaupt möglich ist, als zölibatär Lebende Intimität zu erfahren. Welche schönen, welche schweren Erfahrungen machen sie bei dem Versuch, Intimität in ihrem Leben zuzulassen? Welche Rolle spielt dabei die Sexualität? Wird sie gewürdigt, zugelassen, nicht ernst genommen? Heißt Intimität zuzulassen, der Sexualität, einschließlich der genitalen Sexualität, so weit Tür und Tor zu öffnen, daß sie den einzelnen überschwemmt? Oder aber macht ein zölibatär Lebender die Erfahrung, daß das Zulassen von Intimität auf der einen Seite die sexuelle Seite zuläßt, auf der anderen Seite zölibatär Lebende in die Lage versetzt, selbst gesetzte Grenzen einzuhalten? Was hilft dabei, wo kommen die einzelnen an Grenzen?
Die vorliegenden Berichte versuchen eine Antwort auf diese Fragen zu geben. Sie gewähren einen Einblick in das wirkliche Leben zölibatär lebender Männer und Frauen und ihre tagtäglichen Versuche, die Erfahrung von Intimität zuzulassen und zu ermöglichen. Gelingen und Scheitern kommen dabei gleichermaßen zu Wort. Die jeweilige persönliche Lebenssituation und Lebensgeschichte wird entsprechend mit einbezogen. In den Ausführungen kommt auf diese Weise das wirkliche Leben zur Sprache.
Die Berichte gehen auf die Möglichkeiten, aber auch auf die Grenzen ein, die gegeben sind, einerseits Intimität in Beziehungen zuzulassen, zugleich aber auch dem gewählten Lebensstil treu zu bleiben. Dabei sprechen viele Berichte auch von wichtigen Erfahrungen aus dem bisherigen Leben, wie Erfahrungen von Nähe und mit Sexualität im eigenen Elternhaus, der Erziehung

oder eigener Erfahrungen mit Intimität während der emotionalen und sexuellen Reifung und Entwicklung. Erfahrungen, Modelle, Regelungen, die sich für die Initiierung und Aufrechterhaltung zölibatärer Freundschaften als hilfreich erwiesen haben, kommen ebenso zur Sprache wie Konflikte und Spannungen in freundschaftlichen zölibatären Beziehungen.
Immer wieder wird auch herausgestellt, wie wichtig es ist, die Möglichkeit der Erfahrung von Intimität in der Beziehung mit Gott im Kontext der Erfahrung von Intimität in den zwischenmenschlichen Beziehungen zu sehen, wie sehr sich also diese Erfahrungen gegenseitig ergänzen. Es wird auf Fragen eingegangen, welche Bedeutung der zwischenmenschlichen Intimität für die Intimität in der Beziehung zu Gott zukommt. Bereichern solche zwischenmenschlichen Beziehungen die Beziehung zu Gott? Welche Bedeutung kommt der intimen persönlichen Beziehung zu Gott überhaupt zu, bei der Bewältigung des zölibatären Lebens?
Die hier veröffentlichten Berichte wollen nicht den Eindruck erwecken, als seien sie repräsentativ für die Art und Weise, wie zölibatär lebende Männer und Frauen mit Intimität umgehen und ihr Zölibat leben. Sie wollen nicht mehr sein als Aussagen von Männern und Frauen, die auf ihre Weise versuchen, zölibatär zu leben. Sie wollen das, was die Herausgeber in ihren Veröffentlichungen (vgl. Grün 1989, Müller 1989 und 1994) dargestellt haben, konkretisieren, gegebenenfalls auch korrigieren. Dabei kommen auch Stimmen zur Sprache, die sich von den Vorstellungen der Herausgeber über das Zölibat und wie es lebbar ist, unterscheiden.

Anselm Grün
Wunibald Müller

HINFÜHRUNG

WUNIBALD MÜLLER

Intimität und zölibatäres Leben

Die vorliegenden Berichte von Frauen und Männern, die als Priester oder Ordensleute sich zu einem zölibatären Leben verpflichtet haben, kreisen immer wieder um das Thema Intimität und die Erfahrungen, die damit gemacht wurden. Dabei wird auch deutlich, daß die einzelnen ganz unterschiedliche Vorstellungen von Intimität haben. Im Folgenden will ich mein Verständnis von Intimität darlegen und aufzeigen, welche Bedeutung es im Leben zölibatär lebender Männer und Frauen einnehmen sollte.

Die Bedeutung der Intimitätsbefähigung

Die Ordensfrau und Theologieprofessorin Sandra Schneiders (1986, 218) macht mit Recht darauf aufmerksam, daß eine für das ganze Leben gedachte Entscheidung, zölibatär zu leben, gefährlich ist, da in diesem Fall der normale Kontext – eine Partnerschaft oder Ehe –, in dem Intimität entwickelt und entfaltet werden kann, nicht gegeben ist. »Zölibatär zu leben«, so Sandra Schneiders, »bringt das Risiko mit sich, niemals die Fähigkeit zu einer echten Intimität zu erlangen«. Es ist nicht genug, fährt sie fort, davon auszugehen, daß Gottes Liebe all unseren menschlichen Hunger stillt und daß die Priester und Ordensleute, die ihren Verpflichtungen gegenüber treu sind, durch Gott von jedem psychischen Schaden bewahrt bleiben, der sich aus ihren Verpflichtungen ergeben kann. So darf die Entscheidung, zölibatär zu leben, nicht dazu führen, den notwendigen menschlichen Reifungsprozeß zu beeinträchtigen oder gar zu verhindern. Ein Reifungsprozeß, der den einzelnen befähigt, mit seinen Bedürfnissen nach Nähe und Intimität – einschließlich der sexuellen Intimität – in Berührung zu sein und entsprechend seiner Lebenssituation damit umzugehen (vgl. Müller 1994, 46).
Das heißt, die zölibatär lebende Frau und der zölibatär lebende Mann – bzw. jene, die sich auf diesen Weg machen – können und müssen den Weg, der zur Intimitätsbefähigung führt, beschreiten, wollen sie, daß ihr zölibatäres Leben sie in ihrer weiteren menschlichen Reife fördert, sie dabei nicht blockiert.

Für sie ist es wichtig, sich dabei den Krisen zu stellen und die Prozesse zuzulassen, die im Prozeß der Intimitätsbefähigung anfallen. Wollen sie den Menschen und schließlich auch Gott nahe sein, wollen sie in der Lage sein, in eine tiefe, bedeutungsvolle Beziehung zu sich selbst, zu anderen und zu Gott zu treten (vgl. Ruppert 1995), müssen sie den Prozeß der Intimitätsbefähigung zulassen, müssen sie Intimität bei sich erfahren und zulassen; und sie müssen darüber hinaus die Gelegenheit haben, Intimität in einer verantwortlichen Weise und entsprechend ihrem Lebensstil in ihrer Beziehung zu Gott und den Menschen zu pflegen und zu erleben. Das heißt, daß sie wie jene, die sich entscheiden, zu heiraten, fähig sein zur Intimität, wollen sie der Gefahr begegnen, entscheidende Entwicklungen in ihrem Leben zu behindern. Die Unterscheidung zwischen *genitaler* und *gefühlsmäßiger* Sexualität kann dabei hilfreich sein.

Gefühlsmäßige und genitale Dimension der Sexualität

Die Sexualität ist ein königlicher Weg, Vergnügen und Lust zu erfahren und zu erspüren. Zugleich schafft sich in der Erfahrung der Sexualität unser Verlangen nach Intimität, nach Annahme und Beziehung Bahn. Während sich im Verlangen nach Beziehung und Intimität die *gefühlsmäßige* Dimension der Sexualität zeigt, kommt in dem Bedürfnis nach der Erfahrung von Lust die *genitale* Dimension der Sexualität zum Ausdruck. Die gefühlsmäßige und die genitale Dimension der Sexualität stehen in einer Beziehung zueinander und sind miteinander verwoben, sie sind aber nicht identisch. Man kann sie zwar nicht voneinander trennen, aber sie lassen sich voneinander unterscheiden.

Das hat Konsequenzen für den, der meint, Sexualität lasse sich auf Genitalität reduzieren, wie für jenen, der davon ausgeht, die gefühlsmäßige Seite der Sexualität könne so ohne weiteres die genitale Dimension der Sexualität aussparen. Dennoch ist es möglich, die gefühlsmäßige Seite der Sexualität zu erfahren und zu leben, ohne daß das notwendigerweise in die genitale Sexualität führt. Auf der anderen Seite wird aber auch deutlich, wie schnell ein Übergehen von gefühlsmäßiger in genitale Sexualität möglich ist.

In diesem Zusammenhang ist es weiter wichtig zu beachten, daß die Sehnsucht nach Beziehung, nach Annahme, nach Bestärkung und Intimität gewaltiger ist als die Sehnsucht beziehungsweise das Bedürfnis nach Sexualität an sich (vgl. May 1969, 311). Das

Verlangen nach Beziehung, Annahme und Intimität, auch als Ausdruck der gefühlsmäßigen Dimension der Sexualität, ist gewaltiger, weil es sich entwicklungsgeschichtlich gesehen früher in unserem Leben herausbildet. Das Verlangen nach genitaler Sexualität wird erst danach, in der Pubertät, ausgebildet.
Das Bedürfnis und Verlangen nach Beziehung, Annahme und Intimität kann in der sexuell-genitalen Beziehung erfahren, gelebt und gefeiert werden. Zugleich kann dieses Verlangen aber auch auf andere Weisen als der genitalen Begegnung befriedigt und erfüllt werden. Ist dieses Verlangen nach Beziehung und Intimität »gestillt«, dann ist eine Seite der Sexualität, nämlich die gefühlsmäßige Seite, befriedigt, in dem Sinne, daß sie gewürdigt, zugelassen und gelebt wird. Und es ist die Seite der Sexualität, deren »Befriedigung« innerhalb der Bedürfnishierarchie der menschlichen Bedürfnisse vor der Befriedigung der genitalen Sexualität kommt. Das heißt, sie ist von grundsätzlicherer Bedeutung für die Entwicklung und Verwirklichung des Menschen als die »Befriedigung« der genitalen Sexualität.
Wenn ich das in Anlehnung an Abraham Maslow sage, dann bin ich mir durchaus bewußt, daß eine künstliche Trennung von genitaler und gefühlsmäßiger Sexualität auch problematisch ist. Andererseits kann diese Unterscheidung die Aussage von Abraham Maslow (1970,107) verständlicher machen, wonach der Verzicht auf gelebte genitale Sexualität nicht notwendigerweise zu psychischen Schäden führt.

Intimität und Zölibat

Was heißt das nun für zölibatär lebende Menschen? Auch für die zölibatär lebende Frau und den zölibatär lebenden Mann ist es möglich, auch sie haben ein Recht darauf, dieses tief in ihnen angelegte Verlangen nach Beziehung, Annahme und Intimität zu verwirklichen, also die gefühlsmäßige Dimension der Sexualität in ihrem Leben zuzulassen. Das ist eine Sichtweise, die man lange nicht entsprechend gewürdigt hat. Hier wurde das tief in uns angelegte Bedürfnis und Verlangen nach Beziehung, Annahme und Intimität vielfach gleichgesetzt mit dem Verlangen nach genitaler Sexualität. Die Befürchtung, aus zugelassener emotionaler Sexualität entstehe gleichsam automatisch das Verlangen nach genitaler Sexualität, hat dann dazu geführt, daß das Zulassen von Beziehungen und Intimität von vorneherein vermieden wurde.

Es ist nicht von der Hand zu weisen, daß zugelassene emotionale Intimität in die genitale Sexualität führen kann. Auf der anderen Seite kann gerade auch das Zulassen der gefühlsmäßigen Dimension der Sexualität in tiefen, bedeutungsvollen, nicht genital-sexuellen Beziehungen, zu einer Stabilisierung des Zölibats beitragen.
Wenn die gefühlsmäßige Seite der Sexualität als Intimität in bedeutungsvollen Beziehungen zu Männern und Frauen erfahren wird, kann die Macht genitaler Sexualität an Kraft verlieren. Es weitet sich dann der Blick für die Möglichkeiten, die auch ein zölibatär Lebender bezogen auf seine Sexualität und tiefe bedeutungsvolle Beziehungen hat. So hat er zunächst einmal die Möglichkeit, die gefühlsmäßige Dimension seiner Sexualität in tiefen, bedeutungsvollen Beziehungen zuzulassen und zu erfahren. Er ist nicht dazu verurteilt, ohne jemanden leben zu müssen, der ihn wirklich kennt, in dessen Anwesenheit er der sein darf, der er ist. Und er muß nicht die Sexualität aus seinem Leben verbannen. Er kann sie in wichtigen, für ihn bedeutungsvollen Beziehungen zulassen, und, wo es um die gefühlsmäßige Seite der Sexualität geht, sie darin auch erfahren. Zölibatär Lebende können weiter ihre Sexualität als Sprache, als eine Weise der Kommunikation leben, wenn sie in die Beziehung zu anderen auch das, was sie als sexuelles Wesen ausmacht, mit einbringen, also ihre Gefühle, ihren Eros, ihre Sinnlichkeit, ihren Charme, ihr »gewisses Etwas«.
Er und sie können weiter ihre Sexualität in solchen Situationen und Erfahrungen zulassen, bei denen sie sich vom anderen Geschlecht – im Falle des homosexuellen Menschen vom gleichen Geschlecht – angezogen fühlen, um dabei sich und die andere Person auf eine tiefere Weise zu erkennen und mit Seiten von sich in Berührung zu kommen und diese dann auch zunehmend anzunehmen, die sie mehr ganz machen, das bisher Vernachlässigte, noch nicht Entfaltete, jetzt entwickeln. Er und sie dürfen auch körperliche Nähe, Berührung, Umarmung, Zärtlichkeit erfahren. Sie dürfen dankbar die Gefühle und Empfindungen zulassen und genießen, die dabei entstehen. Verzichten müssen sie auf die stärkste Kraft der Sexualität, die durch die sexuelle Begegnung vermittelte Möglichkeit der Menschwerdung, der Zeugung und dem Austragen neuen Lebens. Das ist ein großer Verzicht – vielleicht sogar der größte.
Groß ist auch der Verzicht, der damit einhergeht, der Lust und Erfahrung von Entspannung zu entsagen, die mit der orgasmischen Erfahrung verbunden sein kann. Gerade in diesem Bereich

werden nicht wenige die größten Probleme haben, zurechtzukommen. Oft müssen hier die Selbstbefriedigung oder gelegentliche sexuelle Kontakte herhalten, um dem Druck, dem Verlangen nach Entspannung, nach orgasmischer Lusterfahrung gerecht zu werden. Das bleibt bei vielen ein wunder Punkt, auch dann, wenn sie viele andere Möglichkeiten – wie die Erfahrung von Intimität durch bedeutungsvolle Beziehungen – genutzt haben.

Andererseits ist es offensichtlich, daß dem zölibatär Lebenden der Erfahrung und Verwirklichung von Intimität Grenzen gesetzt sind. So sehr es notwendig ist, daß zölibatär Lebende auch in ihren zwischenmenschlichen Beziehungen Intimität erfahren, so sehr ist es auch ein Kennzeichen und Ausdruck des von ihnen gewählten Lebensstiles, daß ihnen in den zwischenmenschlichen Beziehungen nicht die Fülle von Intimität möglich ist, die andere, die sich für eine Ehe oder Partnerschaft entschieden haben, erfahren mögen und für erstrebenswert erachten. Das gilt insbesondere für die körperliche und in einer gewissen Weise auch für die emotionale Intimität.

Allein, auch wenn der Zölibatär auf die Fülle der Intimität verzichtet, bewußt darauf verzichtet, verzichtet er nicht auf die Intimität an sich, beziehungsweise muß und darf er nicht darauf verzichten. Ja, er kann es gar nicht, will er seiner menschlichen Situation gerecht werden und letztlich auch seiner Berufung. So vermag ich mich menschlich nur zu entwickeln und zu entfalten, wenn ich entsprechend meinem Lebensstil beziehungs- und liebensfähig bin.

Anselm Grün

Intimität und Gotteserfahrung

In den Texten von Priestern und Ordensfrauen klingt immer wieder an, daß die Erfahrung von Freundschaft und Nähe zu einem andern Menschen auch die Beziehung zu Gott verändern kann. Man darf sicher keine Norm aufstellen, daß nur durch eine intime Beziehung auch die Beziehung zu Gott intim wird. Aber die Fähigkeit, einem Menschen zu begegnen, korrespondiert doch wohl mit der Beziehungsfähigkeit Gott gegenüber. Je offener ich einem Menschen begegne, desto tiefer wird auch die Begegnung mit Gott sein. Und umgekehrt gilt natürlich dasselbe. Intimität mit Gott befähigt uns auch zu angstfreier Begegnung mit einem Menschen. Denn wir wissen uns von Gott geliebt und müssen uns die Liebe eines Menschen nicht mehr erkaufen. Sie wird vielmehr zum freien Geschenk.

Manchmal wird Gott benutzt, um menschlicher Begegnung aus dem Weg zu gehen. Aber dann begegnet man nicht dem wirklichen Gott, sondern allenfalls der eigenen Projektion von Gott. Dann meint man, Gott zu dienen. In Wirklichkeit aber wird Gott zum Prinzip der eigenen Zuverlässigkeit oder Pflichterfüllung. Aber er ist dann kein Du, dem ich begegnen kann. Bei manchen zölibatären Menschen verbirgt sich hinter ihrer Aktivität im Dienst für andere eine innere Leere, die nicht gefüllt ist von wirklicher Gottesbeziehung. Hinter den frommen Worten gähnt der Abgrund des Unglaubens.

Begegnungsfähigkeit muß sich nicht immer in einer festen Freundschaft zwischen Mann und Frau ausdrücken. Es ist immer ein Geschenk, wenn bei zölibatären Menschen eine Freundschaft wächst. Aber wenn man meint, man brauche eine Freundin oder einen Freund, um sinnvoll seine Ehelosigkeit zu leben oder um tiefere Gotteserfahrungen zu machen, dann würde man einen Menschen für sich und seine Erfahrungen benutzen. Freundschaft ist immer unverfügbares Geschenk, das wir nur dankbar annehmen dürfen, das wir aber nicht selber machen können.

Und Freundschaft zwischen zölibatären Männern und Frauen ist immer eine Gratwanderung. Jede Beziehung hat in sich eine Eigendynamik. Wenn die beiden Partner sich nicht klar über ihre Grenzen werden und sich gegenseitig unterstützen, diese Grenzen bewußt einzuhalten, um authentisch ehelos zu leben, dann beginnen die Beziehungen die Grundlage des ehelosen Lebens zu untergraben. Die Berichte in diesem Buch zeigen, daß es durchaus möglich ist, Intimität zwischen Mann und Frau zu erfahren und dabei die genitale Sexualität auszuschließen. Offensichtlich ist so eine intime Beziehung ein Ansporn zu einer neuen und intensiveren Gottesbeziehung.

1. Intimität und die Liebe zu Gott

In den Texten klingt immer wieder an, daß die Liebe zu einem Menschen erst wirklich erfahren läßt, was Liebe zu Gott, was Liebe zu Jesus Christus bedeutet. Manch einer hatte immer schon versucht, Christus zu lieben. Aber es war doch eher gut gemeint, als daß da echte Liebe gewachsen war. Die Liebe war vom Willen gesteuert. Aber sie hatte keine emotionale Tiefe. Durch die Begegnung mit einem Menschen, durch die Erfahrung von Nähe und Intimität wird in uns eine Sehnsucht nach dem Du des andern geweckt, die unser Herz wesentlich existentieller erfaßt als die Liebe, die wir bisher zu Gott hatten. Manche kommen dann durcheinander. Sie meinen, sie hätten Gott nie wirklich geliebt. Denn da hätten sie nie diese Intensität der Gefühle gespürt. So erschrecken sie bei der Entdeckung, daß ihre vermeintliche Liebe zu Gott leidenschaftslos und emotionslos war. Andere sehen darin eine Chance, etwas von dieser emotionalen Dichte in ihre Beziehung zu Gott oder zu Christus einfließen zu lassen. Sie erfahren, daß ihr Gebet persönlicher wird, daß sie nun beginnen, Gott wirklich das eigene Herz zu zeigen und sich nicht mehr hinter der Pflichterfüllung zu verstecken. Sie erleben, daß im Gebet in ihnen eine Liebe zu Gott strömt, die sie selbst beglückt.
Anfangs fühlen sich dann manche beim Gebet durch die Gedanken an den Freund oder die Freundin gestört. Sie haben den Eindruck, daß sie nicht mehr beten können, weil sie immer und überall vom Denken an den Freund beherrscht werden. Aber schon bald spüren, sie, daß das kein Gegensatz ist. Wenn sie vor Gott an den Freund oder die Freundin denken, dann wird das Gesicht des Freundes auf einmal zum Spiegel für Gottes Antlitz. Dann sehen sie durch ihn hindurch auf Gott. Sie können die Erfahrung des hl. Augustinus bestätigen, daß im Antlitz des Freundes Gottes Antlitz aufleuchtet und Gottes unsichtbare Liebe ein menschliches Gesicht bekommt. Und sie können die Emotionen, die beim Gedanken an die Freundin hochkommen, auf Gott

richten. Dann weckt der Freund oder die Freundin eine neue Sehnsucht nach Gott, die Sehnsucht, sich diesem Gott ganz und gar hinzugeben, ihm das eigene Herz zu öffnen, ihm das Wertvollste zu schenken, das man hat, sich selbst. Oft verliert sich dann die Trockenheit im Gebet, und man betet wieder gerne. Ich spüre, daß im Gebet die Sehnsucht nach diesem Gott wächst, der mein Bedürfnis nach Liebe und Hingabe allein vollständig zu erfüllen vermag.
Die Annahme der eigenen Sexualität in einer freundschaftlichen Beziehung zeigt mir, daß meine Liebe zu Gott mehr bedeutet, als für Gott zu arbeiten und mir Zeit für Gott zu nehmen. Sexualität will Ekstase, Sich-Vergessen, Sich-Übersteigen. Für die frühen Mönche war die Faszination für den Gott, mit dem wir im Gebet einswerden dürfen, der Antrieb für ihre Ehelosigkeit. Wenn ich mit meiner Sexualität in Berührung bin, dann spüre ich, daß meine tiefste Würde und Berufung darin besteht, mich in Gott hinein zu übersteigen, in Gottes Liebe hinein zu fallen und mit dem zärtlichen und leidenschaftlich liebenden Gott eins zu werden.

2. Intimität und neues Gottesbild

Die Freundschaft zu einem Mann oder einer Frau läßt mich Gott oder Jesus Christus oft in einem neuen Licht sehen. Mein Gottesbild ändert sich. Eine Schwester drückt es so aus, daß Gott nicht mehr das Standbild war, vor dem sie geopfert und vor dem sie ihre Pflicht erfüllt hat, sondern eine Person, zu der eine Beziehung wächst. Gott wird lebendig, erfahrbar, konkret. Er wird vor allem das Du, auf das ich im Tiefsten bezogen bin.
Die Psalmen bekommen auf einmal eine neue Tiefe. Wenn da von dem Gott die Rede ist, der eifersüchtig und zornig, aber auch barmherzig und gütig ist, dann bekommt das eine neue Bedeutung. Gott ist nicht der Ferne und Unnahbare, sondern einer, dem an mir liegt, der mich leidenschaftlich liebt, für den ich wichtig bin. Gott ist voller Gefühle. Er kämpft um mich, weil er mich mag. Das philosophische Gottesbild fällt zusammen, und es entsteht die Ahnung von einem menschenfreundlichen Gott, von einem Gott, von dem man nur in den Bildern sprechen kann, wie die Bibel es tut, einem Gott voller Barmherzigkeit und Güte, voller Leidenschaft und Zorn, voller Sehnsucht nach dem Menschen. Oder es tauchen Worte der Mystiker auf, etwa wie Mechthild von Magdeburg Gott anredet: »O du fließender Gott in deiner Minne«. Da klingt es nicht mehr wie fromme Übertreibung,

wenn Mechthild von süßer Umarmung oder vom Kuß des Geistes spricht.
Viele beginnen in einer Freundschaft auch Jesus mit neuen Augen zu sehen. Da fällt ihnen auf einmal auf, daß Jesus keine Berührungsängste hat, daß er keine Hemmungen hat im Umgang mit Frauen. Er legt der Frau mit dem gekrümmten Rücken die Hände auf. Er läßt sich von der Sünderin die Füße waschen. Er nimmt die Kinder in seine Arme. Er gewinnt den reichen Jüngling lieb. Er läßt den Jünger, den er liebt, an seiner Brust ruhen. Gerade die Johannesminne wird für viele zum beliebten Meditationsbild, in dem sie ihre eigene Beziehung zu Christus ausgedrückt finden. Das Bild zeigt ihnen, wohin ihre tiefste Sehnsucht hinzielt.
Jesus ist für liebende Menschen nicht der Moralist, dem es vor allem um die Einhaltung der Gebote geht, sondern einer, der die Menschen liebt, der mit seiner guten Ausstrahlung verschlossene und verhärtete Menschen aufbricht und zum Leben weckt. Bei Jesus trauen sich Menschen ihre Nöte auszusprechen, die sie bisher vor allen verheimlicht haben. In der Begegnung mit ihm richten sie sich auf, bekommen sie neue Lust am Leben. In der Nähe Jesu erfahren sie, daß sie ganz und gar angenommen sind, daß sie sein dürfen, wie sie sind, daß sie wertvolle Menschen sind mit einer unantastbaren und göttlichen Würde. Da wagen sie sich heraus aus ihrer Isolierung und Einsamkeit, weil sie sich angezogen fühlen von seiner Wärme, die von ihm ausstrahlt.
Liebende lesen die Bibel mit neuen Augen. Sie spüren, wie Jesus mit allen Sinnen gelebt hat. Das zeigen etwa seine Gleichnisse. Sie sind fasziniert von dem Jesus, der ganz und gar Mann war, der zu sich stand, der kämpfen konnte, ohne Angst sich den Gegnern stellte. Und sie sehen den zärtlichen Jesus, den integrierten Mann, der auch weinen kann, der Freundschaft pflegt, der etwa in den Abschiedsreden Worte der Liebe findet, die den Tod überdauern. Jesus ist nicht der Rigorist, der uns mit seinen Forderungen überfordert, sondern der barmherzige Heiland, der sich uns zuwendet, der uns aber auch mit unserer eigenen Wahrheit konfrontiert und uns herausfordert. Er läßt es nicht zu, daß wir Ausreden für unsere Krankheiten und Hemmungen brauchen. Dem Gelähmten am Teich von Bethesda, der sich in seinen Ausreden verliert, fordert er einfach auf: Steh auf, nimm deine Bahre und geh! (Joh 5,8). Und Jesus ist der Mann, der nicht nur Männer in seine Nachfolge ruft, sondern genauso auch Frauen, wie es uns das Lukasevangelium berichtet.

3. Intimität und die Verwandlung der Spiritualität

Viele Priester und Ordensfrauen erfahren durch ihre Freundschaften eine Verwandlung ihrer Spiritualität. Da geht es ihnen nicht mehr in erster Linie um Pflichterfüllung, sondern um die Erfahrung von Lebendigkeit, von Gemeinschaft, von Beziehungen. So erfährt ein Priester seither die Eucharistiefeier intensiver. Zum einen erlebt er darin »tiefe Momente des Glücks, der Stille, der Intimität mit Gott«. Er spürt, was es heißt, mit Christus in der Kommunion eins zu werden, mit ihm zu verschmelzen. Und zum andern wird die Eucharistie für ihn zur Feier der Vereinigung mit der Gemeinde und der Beziehungen untereinander und mit Gott. Was die tiefste Sehnsucht der Sexualität ist, mit einem andern zu verschmelzen, das wird in der Eucharistie Wirklichkeit. Da werden wir eins mit Gott, eins mit uns selbst und eins mit allen, die vom gleichen Brot essen und aus dem gleichen Kelch trinken.

Für andere wird die Zeit der Stille zum Ort der Intimität mit Gott. Mag am Anfang der Beziehung die Sehnsucht nach dem anderen oft die Einsamkeit erschweren, so wird ein Priester oder eine Ordensfrau allmählich die Zeiten der Stille und des Gebetes schätzen und lieben lernen. Da ist die Zeit nicht leere, sondern erfüllte Zeit, Zeit der Liebe, Zeit der Zärtlichkeit. Da fühlt sich der Betende von Gottes liebender und heilender Gegenwart eingehüllt. Da spürt er in der Meditation etwa des Jesusgebetes die barmherzige Liebe hin- und herströmen. Da erlebt er im Gebet Intimität mit Christus, der ihn liebt. Die Art, wie er oder sie betet, ist ein Zeichen, wie reif und echt die Freundschaft ist. Solange einer immer nur um den Freund oder die Freundin kreist, ist er noch abhängig, kann er den Partner für sich benutzen, um der eigenen Einsamkeit zu entfliehen. Aber je reifer die Beziehung wird, desto mehr wird er gerne in der Einsamkeit und Stille vor Gott sein. Da spürt er den Grund seines Lebens. Da weiß er darum, daß Gottes Liebe in ihm strömt und daß es darauf ankommt, für diese Liebe Gottes durchlässig zu werden. Die Freundschaft hat ihn für diese Liebe sensibilisiert. Aber die Liebe strömt nun auch in ihm, in ihr, wenn der Partner nicht da ist. Durch die Freundschaft bin ich in Berührung gekommen mit der Quelle der Liebe, die in mir sprudelt, die nie versiegt, weil sie die unendliche Quelle göttlicher Liebe ist.

Zölibatäre Männer und Frauen erfahren ihre Freundschaft oft als Gratwanderung. Sie wissen um ihre Grenzen, aber sie spüren auch, daß die wachsende Beziehung die Grenzen überschreiten möchte. Da müssen sie sich immer wieder über die Grenzen unterhalten und sich ermuntern, sie einzuhalten. Aber sie wissen auch, daß sie keine Garantie dafür haben, daß sie die Grenze nicht überschreiten. Manche haben sie überschritten und haben sich erst nach der Grenzüberschreitung neu darauf geeinigt, wo sie ihre Grenzen sehen möchten. Andere haben sich geeinigt, aber es kommt trotzdem vor, daß sie sich nicht daran halten. In all diesen Fällen wissen die Liebenden, daß sie nicht für sich garantieren können, daß es immer auch Geschenk von Gott her ist, daß eine Freundschaft gelingt. Oft wächst durch diese Erfahrung eine größere Barmherzigkeit sich selbst und den Menschen gegenüber.

Manchmal werden Priester und Ordensfrauen, die sich ein System von Gebeten und Verzichten aufgebaut hatten, um ihr eheloses Leben zu schützen, freier. Sie merken, daß sie oft einem Zwangssystem gefolgt sind. Sie werfen jetzt nicht alles über Bord. Aber sie trauen mehr dem Leben und der Liebe. Sie fühlen sich von Gott getragen. Sie trauen Gott zu, daß Er sie durch die Beziehung hindurch zu neuer Lebendigkeit führt. Nun entdecken sie bei ihren Mitbrüdern und Mitschwestern auf einmal, wie hart sie mit sich umgehen, wie leblos sie sind, welchen »rigoristischen Lebensstil und Sprachstil« sie haben. Ihre Spiritualität wird menschlicher und barmherziger. Sie gehen nicht in die Stille, um einer Pflicht zu genügen, sondern weil sie sich angezogen fühlen, weil die Liebe da in ihnen zum Fließen kommt. Die menschlichere Spiritualität zeigt sich vor allem darin, daß sie nicht mehr gegen die eigene Natur wüten, wie das viele rigorose Zölibatäre tun. Mit einer Askese, die ohne Rücksicht auf die Struktur der eigenen Seele gegen die innersten Bedürfnisse ankämpft, haben viele sich krank gemacht. Sie lebten dann oft auf zwei Ebenen, auf der Ebene ihrer dogmatischen und moralisierenden Verkündigung und auf der Ebene der heimlich gelebten Bedürfnisse. Das waren nicht immer heimliche Beziehungen, sondern oft unbewußtes Ausagieren der Wünsche, etwa indem Priester um sich Frauen scharten, die sie bewunderten und benutzten. Für viele Zölibatäre wurde die Freundschaft zu einer Quelle neuer Lebendigkeit. Sie mußten nicht mehr gegen das Leben kämpfen, sondern ihre Askese sorgte nur für die Grenzen, innerhalb deren ihr Leben aufblühen konnte.

Unsere Beziehung zur Sexualität ist bei aller Integration immer auch eine gebrochene. Das gilt für Eheleute genauso wie für Ehelose. Es wäre fatal, ein neues Ideal von gelebter Sexualität in allzu schönen Farben zu schildern. Die Sexualität ist die faszinierende Kraft, die uns zum Leben und zur Liebe antreibt, sie ist die eigentliche Quelle der Spiritualität. Aber sie ist immer auch die Kraft, die über uns hereinbricht, die wir nicht einfach bändigen können, die uns immer wieder daran erinnert, daß wir Männer und Frauen sind mit Bedürfnissen, die tief mit ihrer Biologie verwurzelt sind. Aber während die römische Sexualmoral die Sexualität immer als das zu Bändigende sieht, als die bellenden Hunde, die man in den Turm einsperren muß, sperrt sie uns vom Leben aus. Die Sexualität wird nur dann zu einer Quelle der Spiritualität werden, wenn wir uns mit ihr anfreunden, wenn wir freundlich mit ihr umgehen. Assagioli, der italienische Psychiater, meint, die Verwandlung der Sexualität in spirituelle Energie gelinge nur, wenn wir sie durch eine höhere Liebe verwandeln. »Es geht nicht darum, weniger zu lieben, sondern besser zu lieben« (244).

Aber auch wenn wir die Sexualität in Spiritualität verwandeln, wird sie sich immer auch auf ganz menschliche Weise zur Wort melden. Es gibt keinen spirituellen Trick, sie in den Griff zu bekommen. So bedarf es des demütigen Eingeständnisses, daß die Sexualität immer auch die unverfügbare Kraft bleibt, mit der wir uns nur anfreunden, die wir aber nie ganz und gar beherrschen können. Es geht auch nicht um ihre Beherrschung, sondern darum, daß sie uns in das Geheimnis des Lebens und der Liebe einführt.

Wer die Gratwanderung einer Freundschaft geht und wer sich mit seiner Sexualität anfreundet, der sieht das Ziel seines Lebens nicht darin, immer perfekter Gottes Gebote zu erfüllen. Der hat am eigenen Leib erfahren, wozu Paulus ihn mahnt: »Wer also zu stehen meint, der gebe acht, daß er nicht fällt« (1 Kor 10,12). Aber das entmutigt ihn nicht und führt ihn nicht in die Angst, daß er vielleicht doch fallen könne. Vielmehr wächst aus dieser Erkenntnis eine neue Freiheit. Es kommt nicht darauf an, daß ich nie einen Fehler mache oder daß ich meine Sexualität nicht ganz und gar im Griff habe, sondern darauf, daß ich nie aufhöre zu lieben. Der liebende Mensch weiß um seine Grenzen. Er weiß, wieviel Egoismus sich in seine Liebe hineinschleicht, wie sehr er manchmal den andern für sich benutzt. Er wird sich in seiner Liebe nicht über andere erheben. Er wird vielmehr menschlicher und barmherziger, milder und gütiger. Er wird andere nicht verurteilen, vielmehr wird er wie Jesus darauf bedacht sein, in andern die Liebe zu erwecken, damit sie sich am Leben und an der Liebe erfreuen können und Gottes Güte preisen.

Die Spiritualität, die aus der Freundschaft erwächst, wird sehr

behutsam mit den Menschen umgehen, aber auch achtsam auf die Regungen des eigenen Herzens achten. Nicht die große Leistung wird zählen, sondern die Durchsichtigkeit der Liebe. Solche Menschen werden andere anziehen.
Das haben manche erfahren, die in diesem Buch von ihrer Freundschaft erzählten. Da trauen sich auf einmal Menschen zu ihnen, die mit ihren Leidenschaften nicht zurechtkommen, die in ihrer Liebe verwundet worden sind. Da fühlen die Leute, daß sie nicht verurteilt werden, sondern daß da einer ihnen vorurteilslos und mit Empathie zuhören wird. Priester sind aufgrund ihrer Freundschaft in ihrer Pastoral anders geworden. Es zählen nicht mehr die großen Programme, sondern die intensive Begegnung. Da ist nicht mehr der volle Terminkalender wichtig, sondern die Zeit, die ich jetzt gerade mit dem teile, der bei mir ist und Zuwendung und Verstehen sucht.

Schluß

Die Texte dieses Buches zeigen, daß Freundschaft zwischen zölibatären Männern und Frauen möglich ist, daß sie das Charisma der Ehelosigkeit nicht verletzt, sondern daß sie es im Gegenteil befruchten kann. Viele haben durch ihre Freundschaft eine neue Beziehung zu Gott Vater, zu Jesus Christus und zum Heiligen Geist als der Liebe, die in unsere Herzen ausgegossen ist, gewonnen. Sie sind menschlicher geworden, haben neue Lust am Beten, am Schweigen, am Meditieren, an der Einsamkeit bekommen. Aber die Texte verschweigen auch nicht die Gefahren solcher Freundschaften. Zu leicht versuchen manche, ihre verdrängten Bedürfnisse durch den andern auszuleben. Ich bin immer skeptisch, wenn einer sein Bedürfnis nach der liebenden Nähe einer Frau zu schnell theologisch begründet, etwa mit dem Satz: »Gott will doch, daß wir uns glücklich fühlen.« Mit solchen Sätzen kann man einen andern vereinnahmen und ihm ein schlechtes Gewissen einreden, wenn er uns nicht die Nähe zeigt, die wir brauchen.
Bei aller Dankbarkeit für geglückte Beziehungen zwischen ehelosen Männern und Frauen dürfen wir nie vergessen, daß es immer eine Gratwanderung ist und daß schon manche auf diesem Grat abgestürzt sind. Ich erlebe manchmal die Gefahr, daß man die Freundschaft zwischen Männern und Frauen, die die Ehelosigkeit versprochen haben, zu sehr idealisiert. Dann haben alle, die jetzt gerade nicht in so einer intensiven Freundschaft leben,

ein schlechtes Gewissen, daß sie doch nur halbe Menschen sind. Und die Partner in einer Freundschaft werden oft dem allzu hohen Ideal nachlaufen und frustriert sein, daß ihre Freundschaft so viele Klippen zu überwinden hat.
Die Texte hier entgehen meistens der Gefahr der Idealisierung. Da schildern Männer und Frauen, wie es ihnen in der Freundschaft ging und geht, welche beglückenden Erfahrungen sie gemacht haben, auch wie schmerzlich sie manche Phase ihrer Freundschaft durchleben mußten.
Wenn wir beides sehen, die beglückenden und die gefährdenden, die ermutigenden und die schmerzlichen Erfahrungen der Freundschaft, dann sind wir offen für eine Freundschaft, wenn Gott sie uns schenkt. Wir dürfen sie uns nie selbst machen, wir dürfen nie einen Menschen dazu benutzen, unser Freund zu werden. Freundschaft ist immer Geschenk, immer unverdiente Gnade. Wohl dem, der diese Gnade dankbar ergreift. Er kann in neue Dimensionen geistlichen Lebens hineinwachsen.

1. KAPITEL

VON DER INNENSEITE DER AUSSENSEITE

Von der Innenseite der Außenseite

Ein Priester berichtet:

Wenn ich hier ein Modell von Intimität vorstelle, dann meine ich nicht die soziale Form, in der intime Beziehungen möglich sind. Vielmehr möchte ich den Prozeß nachzeichnen, der für mich nötig war, um zu verstehen, was Intimität überhaupt bedeutet. Und um verständlich zu machen, was ich heute Intimität nenne. Ich zeichne diese Geschichte nach in der Vorstellung, daß sie Typisches in der Entwicklung von Priestern sichtbar macht.

Auf meinem Weg zum Priesterberuf habe ich mich lange mit der Vorstellung herumgequält, die Innenseite des Priesters sei ausschließlich die alles in mir erfüllende Gottesbeziehung, das mystische Leben. Die Außenseite war ja klar: der schmissige Prediger, der unermüdliiche Seelsorger, der sich liebend und immer gütig allen Menschen zuwendet. Im Untergrund schwelte zwar das unstillbare Bedürfnis nach erfüllenden Beziehungen zu einem oder wenigen Menschen, mit denen ich meinen Weltschmerz und meine Begeisterung teilen könnte. – In Wahrheit erfüllte sich damals keine von diesen Vorstellungen: Weder wuchs die mystische Erfüllung in mir, noch war das äußere seelsorgliche Tun in Beziehung zur Innenseite meiner Person – weder war der Seelsorger geerdet noch himmlisch inspiriert.

Nun sagt man, der Priester brauche ein Mittel gegen seine menschliche Einsamkeit und Leere, die sich leider auch bei ihm ab und zu einstellen. Jeder Mensch sehne sich doch nach menschlicher Nähe, und wenn der Priester vom anstrengenden Dienst ins Pfarrhaus komme, solle er es nicht leer vorfinden. Dazu kommen die vielen Rezepte, die dem werdenden Priester mit auf den Weg gegeben werden: man solle einmal verliebt gewesen sein; man solle die Nähe zu Ehepaaren in der Gemeinde suchen, um Beziehung hautnah mitzuerleben; man solle freundschaftliche Beziehungen zu Frauen suchen, die für den Alleinstehenden ein wichtiges Korrektiv seien. Das alles probierte ich – aber all diese Bemühungen blieben in einer Pseudo-Intimität stecken. Außen war immer noch die ansehnliche Hülle des Priesters, aber innen steckte ein netter Junge, der nicht annähernd den priesterlichen Anspruch, der letztlich gestandenes Menschsein impliziert, aus-

füllen konnte. Dieser nette Junge hätte sicher noch eine Zeitlang durch eine rastlose Seelsorge überleben können.
Gottseidank kamen die Krisen rechtzeitig: der Einbruch, als ich Pfarrer wurde. Spätestens da erwies sich die priesterliche Rolle als menschlich nicht erfüllt. Diese Krisen machten mich auf meine Innenseite aufmerksam. Meine nächtlichen Träume konnte ich nicht mehr wegdrängen.
So sah ich mich in einem Traum, wie ich vor einem heranstürmenden Bären mühsam die Tür zu verschließen suchte, während hinter mir schreiend Frauen in den Keller flüchteten. So also habe ich mir Beziehungen vom Leib gehalten, indem ich mir meine eigene Vitalität verwehrt habe. Der nette Priester war in Wirklichkeit ein vorpubertärer Junge.
Und so ging es in meinen Träumen weiter: Ich entdeckte endlich das Kind, das in einem Kinderwagen erbärmlich schrie. Heute weiß ich, daß die Mutter diesen Jungen Gott geopfert hatte und ihn von Anfang an von nahen Beziehungen fernhielt, damit er auch wirklich ein reiner Priester würde. Später lief der Junge im Traum den davoneilenden Eltern nach und kratzte verzweifelt an der Plastik-Tür, die sie ihm vor der Nase zugeschlagen hatten. Da also kam das verzweifelte »Plastik«-Lächeln her, das die Beziehungslosigkeit zu überwinden suchte, diese ewige Freundlichkeit des Priesters.
Im Innern hatte ich natürlich Vorstellungen vom Mannsein. In meinen Selbstgesprächen wußte ich, wie man Menschen begegnet, wie man sich öffnet und wie man auf Frauen zugeht. Man hat die Vorstellungen ja alle im Kopf (und hat ja genug darüber gelesen) und wüßte schon, wie man der Frau begegnen, sich abgrenzen, streiten, sich hingeben würde. Aber es ist noch einmal etwas anderes, es auch wirklich zu tun, sich wirklich hinzugeben, Beziehungsfähigkeit auch wirklich einzulösen. Es ist etwas anderes, von der Möglichkeit zur Wirklichkeit zu kommen und dabei seine Fähigkeit und Unfähigkeit und so seine ganze Endlichkeit zu spüren. Es bedeutet etwas anderes, in der »Ferne« beruflicher und gemeindlicher Beziehungen sich abzugrenzen als in der Nähe einen Konflikt zu wagen. Konflikte im Seelsorgeteam oder mit Menschen aus der Gemeinde enthalten nicht das entscheidende Risiko, das das innere Kind empfindet, wenn sich der Mann auf eine entscheidende Beziehung einläßt.
Erst wenn dieser volle Ernst gewagt wird, wird auch die volle Intimfähigkeit eröffnet. Erst wenn das innere Kind wirklich in die Freiheit geführt wird, verliert die »Mutter« ihre magische Kraft und wird Intimität selbst verantwortbar. Ich muß das bezie-

hungshungrige Kind schon selbst an mich nehmen und den Ernstfall wagen, das heißt mit ihm Beziehung gestalten und Gelingen und Mißlingen aushalten.
So kann eine Gemeinde oder die Fülle seelsorglicher Kontakte oder das mitbrüderliche Konveniat kaum das Beziehungsnetz bilden, das den entscheidenden Beziehungsmangel heilt. Früher ist der Priester in die priesterliche Identität hineingeschlüpft, die ihm gesellschaftlich vorgegeben wurde. Heute, in einer immer beziehungsärmer werdenden Gesellschaft gelingt diese Identität nur, wenn die eigene Intimität erschlossen ist und zur Grundlage auch beruflicher Beziehungsaufnahme wird. Und ein Zölibat, der auf Pseudo-Intimität beruht, läßt die Menschen dieser Zeit mit ihren Beziehungsängsten alleine: »Ihr verliebt euch und laßt euch scheiden – wir haben da den Zölibat.«
Es geht also nicht einfach um das Bedürfnis nach Nähe, ohne die der Mensch – auch der zölibatäre – »leider« nicht auskommt (»so gebt ihnen doch eine Frau ...!«). Es geht erst recht nicht darum, Beziehung zu haben, um seine Sexualität auszuleben. Man könnte fast auf den Gedanken kommen, daß die Angst und Phantasie von kirchlichen Amtsträgern Sexualität erst zur Hauptsache von Beziehung gemacht hat. Es geht vielmehr darum, daß Beziehung zu Intimpartnern wesentlich ist für die Entwicklung einer intimen Beziehung zum eigenen Inneren.
Ich kenne sehr viele Priester, denen man es anmerkt, daß sie sich nie »gestellt« haben, daß sie in Sachen Beziehung nur pubertäre Möchtegerne geblieben sind. Ich kenne Priester, die aus Beziehungsnot Einzelgänger geworden sind, deren Emotionalität nach innen geht, die sich deswegen als frustriertes Opfer der »anderen« (z.B. der blöden Leute) sehen und die darüber verdrossen und zynisch geworden sind. Ich kenne nur wenige Priester, die den Innenweg zu ihrer Intimität ohne IntimpartnerInnen geschafft haben. Und noch weniger Priester, denen von Natur aus dieser Weg geschenkt wurde und die tiefe und ehrliche Beziehungen eingehen können.
Ich kenne mehr Priester, die Frauen anziehen, die pubertär »genießen«, ohne das auszutragen und daran zu reifen. Wer das allerdings emotional durchträgt, geht einen risikoreichen Weg – von der anfänglichen Unschuldsvorstellung (»ich tu dir nichts, ich bin nur lieb«) durch die tiefen, auch abgründigen, auch sexuellen Emotionen hindurch (»der bin ich auch«, ich wollte mir das bisher nur nicht eingestehen) bis zur Befreiung der Emotionalität, der Aggressionskräfte und der Hingabefähigkeit. Ein solcher Weg hat nur Sinn, wenn er die intime Beziehung nicht be-

nutzt, sondern auf Dauer anlegt. Die Frau nicht als Übungsobjekt oder als Versicherung gegen die Einsamkeit, sondern als Ernstfall und Bewährung meiner Intimfähigkeit und meines geschöpflichen Angewiesenseins.
Ein mögliches Scheitern einer solchen intimen Beziehung kommt einer Scheidung gleich. Es deckt die tiefe Verletzbarkeit und Einsamkeit erst auf, die man in einem gesicherten kirchlichen Amt oder in einer idealen Lebensausrichtung vermeiden wollte. So viel Nähe man vorher eingegangen war, so viel Leere und Verlassenheit muß im Scheitern durchgetragen werden. Wer dann sagt, er fühle und solidarisiere sich mit den Einsamen und Verlassenen (nicht nur mit modischem oder frei gewähltem Singletum), tut das glaubwürdig.
Unter den heutigen Bedingungen der priesterlichen Existenz (noch vor dreißig Jahren waren diese Bedingungen andere) – das ist meine Erfahrung mit mir selbst wie mit vielen anderen Priestern – gelingt das Ausfüllen der priesterlichen Rolle mit menschlicher und männlicher Identität in aller Regel erst durch eine Intimbeziehung. Wieviel Allmachtsphantasie steckt hinter der Vorstellung, der Priester könnte ohne intime Beziehungen (also auch Bindungen und Verbindlichkeit) seine menschliche und spirituelle Innenseite aufschließen! Nicht umsonst hat der allmächtige Gott selbst in menschlicher Beziehung, in Jesus Christus, Beziehung zu den Menschen aufgenommen.
Im Gefolge der menschlichen mußte auch meine Beziehung zu Gott aus der idealistischen und schwärmerischen Einstellung des Ministranten, des Oberprimaners und des Musterstudenten herauswachsen. In einem Traum hörte ich eine »transzendente« Stimme: »Da bist du also endlich.« Damit war der erwachsene, geerdete Mann gemeint, der seine Freiheit und seine Hingabe selbst zu verantworten hatte. So wurde denn auch meine religiöse Pseudointimität aufgebrochen; darunter war der Wunsch, auf religiöse Weise im Leben verschont zu bleiben und mich hinter einem »es ist doch so gut gemeint« zu verbergen.
Der Ernstfall von Beziehung, von der Möglichkeit des Scheiterns und von der Kraft des Eros hat mich einerseits mit meiner Endlichkeit und meiner wirklichen Potenz in Verbindung gebracht. Andererseits steht meine Beziehung zu Gott in unauflöslicher Wechselwirkung dazu, wie ich menschlich erschlossen bin. Mein Glaube und meine intime Sensibilität stehen in innerer Korrespondenz: Wenn ich meine Intimität für einen menschlichen Partner öffne, dann lerne ich Umfang und Tiefe meiner Person und von Personsein erkennen und achten. Und Gott wird aus

einem abstrakten »lieben Gott« ein intimes Du für mein intimes Ich und bleibt doch das absolute Geheimnis. Das Vertrauen zu ihm umfaßt dann auch meine Tiefen und Leidenschaften und Begrenztheiten, die eine menschliche Beziehung erst aufgeschlossen hat, über die ich mich früher erhaben dünkte oder die für mich früher nicht zu existieren schienen.

Intime Beziehung ist für mich nie an die Stelle der Gottesbeziehung getreten. Das Geheimnis meiner Person, das Geheimnis der Mitmenschen und das Geheimnis Gottes schließen sich gegenseitig auf. Ein Geheimnis ist ja nicht das, was man nicht kennt, sondern mit dessen Tiefe man in Beziehung kommt, das gerade deswegen anzieht und einen nicht mehr losläßt. Dabei erfährt man erst, daß es nie auszuschöpfen ist und daß sein Zauber wächst, je mehr ich mich ihm öffne und je weniger ich mich seiner bemächtige. Die Gottesbeziehung wird erwachsener und zugleich kindlicher.

Ist mir der Zölibat nun gelungen oder mißlungen? Auf jeden Fall wäre mein Leben und dessen innere Erschließung nicht gelungen, wenn ich den Zölibat als Abwehr von Intimität und Nähe verstanden hätte. Auf jeden Fall ist mein priesterliches Leben erfüllter und gefüllter. Und meine seelsorgliche Kompetenz greift tiefer. In dem Maß, in dem ich intim werden kann, kann ich in Resonanz treten mit der wirklichen – nicht gedachten oder moralisierend oder spirituell verschleierten – Innenseite von Menschen. Das Innere, in dem Menschen ihre Not und ihr Glück erleben, ist dasselbe, in das hinein der Glaube reicht und das vom Glauben berührt und geheilt werden soll. Nur wenn ich selbst mich vom Glauben in dieser Innenseite ergreifen lasse, kann ich erahnen, was Glaube, was Gottes Liebe für den liebebedürftigen und liebeverwundeten Menschen bedeutet.

Was mich im Innersten berührt, jemand mitteilen können

Eine Ordensfrau schreibt:

»Wie kann so jemand in ein Kloster gehen? Die ist viel zu schade dafür.« Solche Aussprüche höre ich auch heute, zwölf Jahre nach meinem Eintritt, immer wieder einmal, von Männern wie von Frauen, von Nichtchristen wie auch von Menschen, die sich als Christen verstehen.
Welche Gedanken und Fragen stehen dahinter? Meist ist es die Vorstellung, daß jeder Mensch eine intime Beziehung leben muß, um glücklich zu sein. Dieser Vorstellung stimme ich voll und ganz zu. Wir Menschen sind auf ein Du hin geschaffen. Niemand kann ganz allein für sich leben. Wir haben das Bedürfnis, uns mitzuteilen, zu empfangen und zu geben, wenn unser Leben einen Sinn haben soll. Damit neues Leben wachsen und weitergegeben werden kann, ist es nötig, daß Menschen sich einander zuwenden, sich füreinander öffnen und eine innige Verbindung eingehen.
Wie ist das mit zölibatär lebenden Menschen, wie z.B. bei mir, einer Ordensfrau? Ich fühle mich dazu berufen, Gemeinschaft mit anderen Menschen zu leben und Leben zu schenken, Leben weiterzugeben, allerdings nicht im biologischen Sinne. Bei meinem Eintritt war zwar der Verzicht auf eigene Kinder der größte Verzicht; doch wenn eine Entscheidung getroffen wird, ist es immer ein Ja zu einer bestimmten Sache und gleichzeitig ein Nein zu etwas anderem. So ist es auch mit der Entscheidung zu einer bestimmten Lebensform.
Ich will auch leben und Leben weitergeben. Dies kann ich nur in einer Beziehung. Ich brauche jemanden, mit dem ich mein Leben teile, dem ich mich anvertrauen kann, von dem ich weiß, daß er mich liebt, zu mir hält, für mich dasein will, für den ich wichtig bin, für den mein Leben einen Sinn hat. Dieser Jemand ist für mich Gott. Ich will mit ihm so verbunden sein, daß sein Leben in mir wachsen und durch mich weitergegeben werden kann, damit seine Liebe in der Welt sichtbar wird.
Intimität ist eine Vorstufe zum Leben-weitergeben. Es bedeutet laut Lexikon: Vertrautheit, Vertraulichkeit, Berührung, sexuelle, erotische Handlung.
Für meine Beziehung und mein intimes Verhältnis zu Gott ist die Beziehung und Intimität zu anderen Menschen eine Vorbe-

dingung. Die lebensnotwendige Erfahrung, daß ich geliebt bin und mein Leben einen Sinn hat, habe ich zunächst als Säugling und Kind durch meine Eltern und Verwandten gemacht. Prägend war für mich dabei schon die Aussage meines Vaters zu uns Kindern: »Es gibt Dinge, die ihr auch mir und eurer Mutter nicht anvertrauen wollt oder könnt. Doch Gott könnt ihr alles anvertrauen. Er kennt euch und weiß alles.«
Damals brachte mir mein Vater also schon bei, was Intimität bedeutet: solch eine Vertrautheit, daß ich mich ganz öffnen und mein Innerstes preisgeben kann und daß es neben den Menschen, die mich lieben und für mich sorgen, noch eine tiefere Beziehung geben kann.
Für mich als zölibatär lebende Frau ist es von großer Bedeutung, daß es auch Menschen gibt, zu denen ich eine besondere Beziehung habe. Das sind heute zum einen einige Mitschwestern, daneben auch Freunde und eine Freundin.
Wenn meine älteren Mitschwestern von früher erzählen, dann höre ich auch hin und wieder die Regel: »Wenn ein Mann über die Straße ging, mußten die Schwestern sich umdrehen. Sie durften Männer nicht anschauen.«
In der Zeit, in der wir jetzt leben, ist dies für mich unvorstellbar, und so sage ich denn auch meistens: »Bin ich froh, daß ich später geboren bin!« Gerade in der Beziehung zu einigen Männern erlebe ich mich bewußt als Frau; und ich bin froh, daß es in meiner Gemeinschaft möglich ist, solche Beziehungen zu pflegen, und daß ich Freunde und Freundinen besuchen darf und ebenso von ihnen besucht werde. Daß ich diese Möglichkeit habe, ist für mich auch ein Zeichen für Vertrauen innerhalb der Gemeinschaft und für das Verständnis meiner Mitschwestern für Intimität und Beziehung.
Besonders durch die Beziehung zu Männern kenne ich die Sehnsucht nach einem Wiedersehen, das unbeschreibliche Glücksgefühl, wenn wir uns nach langer Zeit wieder sehen und in die Arme schließen, wenn ich dabei spüre, wie unsere Körper sich berühren und am liebsten zu einer Einheit würden. Diese Erfahrung übertrage ich auf meine Beziehung zu Gott. Mit ihm möchte ich zu einer Einheit werden und »Frucht bringen«.
Ich denke, daß dies auch der Grund ist, warum ich eine intime Beziehung nur zu solchen Menschen habe, die ebenfalls eine innige Beziehung zu Gott haben. Dies schützt mich auch davor, der genitalen Sexualität freien Raum zu geben und sie nur in Träumen zuzulassen. Mehr als das Erleben dieser Sexualität brauche ich die Erfahrung, daß ich das, was mich im Innersten

berührt, was ich erlebe und empfinde, was mich freut und was mich ängstigt, was ich glaube und woran ich zweifle, jemandem mitteilen kann, daß ich mich öffnen, mich jemandem anvertrauen kann. Dies bedeutet für mich Intimität.
Ein Bild, das ich sehr mag, kommt mir in den Sinn: Johannes liegt an der Brust Jesu. Es heißt von ihm, daß er der Jünger war, den Jesus liebte (Joh 13,23–25). Auch Jesus läßt zu, daß der Freund ihm ganz nahe ist. Obwohl da auch die anderen sind, ist die Beziehung zu Johannes wohl eine besondere. Sie ist so innig, daß Jesus ihn an seiner Statt der Mutter zum Sohn macht, daß er seine Stelle einnimmt (vgl. Joh 19,26 f).
Intimität ist mehr als körperliche Berührung und sexuelle Handlung. Es ist die Vertrautheit, die mir ermöglicht, mein Innerstes zu öffnen und einen anderen daran teilhaben zu lassen.
Ich bin ein Mensch, der gerne gut sein und gut angesehen sein möchte. Doch neben dem Guten und der Stärke gehört zu mir auch das Böse und die Schwäche, wenn ich mich als ganzen Menschen betrachte. Um mir diese Anteile, die ich nicht so gerne mag, anzuschauen und zu akzeptieren, daß es so ist, brauche ich die Erfahrung, daß ich geliebt bin. Intimität erfahre ich nur dort, wo es mir möglich ist, diese negativen Anteile von mir nicht nur selbst anzuschauen, sondern auch von einem anderen anschauen zu lassen.
Wenn dies bei mir geschieht, beschränkt sich das nicht nur auf Worte. Ich habe dann auch das Bedürfnis, den anderen zu berühren, in den Arm zu nehmen oder in den Arm genommen zu werden, um meine Verbundenheit und Vertrautheit mit dem Körper auszudrücken. Ich denke, das liegt in der Natur. Schließlich bin ich ein Mensch mit Geist, Leib und Seele.
Ich erlebe diese Intimität nicht ständig. Es sind immer Zeitabstände dazwischen. Doch auch das ist natürlich, wie ich meine. Im natürlichen Rhythmus gibt es immer Zeiten der Freude und der Trauer, des Lichtes und der Dunkelheit, der Gemeinschaft und des Alleinseins. Dies wird auch in der Gemeinschaft der Ehe so sein.
Wenn ich ein Zusammentreffen mit meinem Freund und Vertrauten erwarte, kann die Sehnsucht nach körperlicher Nähe so stark sein, daß sie mich wie ein Mantel umgibt. Dann ist es mir nicht oder nur schwer möglich, in der Gegenwart zu leben. Ich merke dies z. B. deutlich beim gemeinsamen Gebet. Die Psalmen bete ich mit meinem Mund mit und bin mit meinen Gedanken in der Zukunft, bei dem Zusammentreffen. Solch ein Zustand kann mich so gefangen nehmen, daß ich unaufmerksam bin. Für

mein Verhältnis zu Gott ist das nicht störend. Ich glaube nämlich, daß er meine Gedanken, Wünsche und Sehnsüchte kennt und sie mir erlaubt. Er hat doch nicht umsonst den Menschen als Mann und Frau erschaffen. Und im Leben Jesu hat er mir gezeigt, daß eine besondere Beziehung zu einigen wenigen Menschen möglich, ja wahrscheinlich sogar nötig ist.
Die Vorfreude auf ein Wiedersehen weckt in mir mehr Kräfte und Energie, als ich im Alltag sonst spüre. Dies kommt meiner Arbeit und dem Umgang mit den Mitmenschen zugute. Energie, Kraft, Wärme, Freude, Angenommensein sind Werte, die ich zum Leben und Wachsen brauche, die mir durch die Erfahrung von Intimität geschenkt werden.
Für mich ist die Intimität zu Gott die größtmögliche.

Das Wort Liebe bekam eine neue Dimension

Ein Priester berichtet:

Ich möchte meinen Beitrag mit einem Liedtext von Dieter Stork beginnen. Diese Zeilen sprechen mich sehr an. Sie treffen den Nagel auf den Kopf, denn sie berühren das, was ich mit Intimität verbinde.

Ich bin ein Mensch wie alle andern,
ich sehne mich wie du nach Zärtlichkeit
und lache gern und bitte dich um Zeit
und bitte dich, mich nicht zu übersehn.
und bitte dich, ein Stück mit mir zu gehn.

Refrain: Wenn Schwache es wagen, sich zu segnen,
sich zu tragen,
bleiben Schwache nicht schwach,
es werden in uns allen, werden in uns allen
Mut und Hoffnung wach.

Ich bin ein Mensch wie alle andern,
so voller Hoffnung, und ich träume viel,
zu hoffen ist ein schönes Ziel.
Ich bitte dich, ein Stück mit mir zu gehn,
wir werden uns mit neuen Augen sehn. Refrain

Ich bin ein Mensch wie alle andern,
ich möchte leben, leben – hörst du mich,
und du brauchst vielleicht mich –
ich brauche dich,
ich bitte dich mit mir zu gehn,
ich weiß genau, du läßt mich hier nicht stehn. Refrain

Diesen Liedtext möchte ich an erster Stelle an vier Personen richten: an zwei Freundinnen, die ich seit sechs und neun Jahren kenne und die mir zu einer wichtigen Lebensbegleitung geworden sind, an Gott, dessen Zärtlichkeit mir erst nach und nach bewußt geworden ist, und an meinen Freund, der wie ich als Diözesanpriester in einer Gemeinde arbeitet. Wir beide sind homosexuell und kennen uns mit unserer sexuellen Neigung seit drei

Jahren. Ich bin Mitte dreißig, seit zehn Jahren als Priester tätig. Ich habe sehr viel Freude an meiner Arbeit und meinem Leben.

»Ich bin ein Mensch wie alle andern, ich sehne mich wie du nach Zärtlichkeit«

Dieses Sehnen nach Zärtlichkeit, nach Wärme und Geborgenheit spielt in meinem Leben eine wichtige Rolle. Ich träume davon und bin voller Hoffnung und Zuversicht, daß ich dies immer wieder neu erleben und spüren darf und kann.
Für mich hat Intimität mit dieser Zärtlichkeit, dieser Wärme und Geborgenheit zu tun. Für mich und mein seelisches Gleichgewicht ist es außerordentlich wichtig, ein Vis-à-vis zu haben und in Face-to-face-Beziehungen zu leben. Ich möchte mein Gegenüber dabei nicht nur anschauen und »nur« mit ihm reden, sondern möchte auch Hautwärme spüren, körperliche Nähe erfahren, streicheln und liebkosen. »Ich möchte von dir getragen sein«, das möchte ich nicht nur allein durch Worte hören, sondern ich möchte dabei auch zärtliche Hände spüren, die meine Hände packen, die durch meine Haare streicheln. »Worte allein begütigen zu wenig« (P. Handke). Eine herzliche Umarmung, ein Kuß ist mehr wert als »nur« ein freundliches Hallo.
Zur Zärtlichkeit gehört für mich aber nicht nur ein Empfangen, sondern auch das Geben. Selbstverständlich dem, der mir zärtlich gegenüber war, aber auch anderen Menschen, denen ich begegne in der Gemeinde oder sonstwo. Hierbei ist Zärtlichkeit in erster Linie kein körperliches Berühren, sondern sie geht auf in der Sprache, im Lächeln, im Blick, im Wahrnehmen und Annehmen der Menschen, besonders der Menschen, die an den Rand gedrängt sind. Zärtlichkeit auch Gott gegenüber: im Beten, im Singen, vom Altarkuß bis zum Austeilen der Kommunion. (Bitte nicht mit frommer Süßlichkeit und Kitsch verwechseln; oder »wir haben uns doch alle so lieb«!)
Durch erlebte Zärtlichkeit kann ich auch Nähe schenken. Ich kann mein Herz den Menschen öffnen, ihre seelischen Nöte und ihre Anliegen an mich heranlassen.
Als ich mehr und mehr diese Zärtlichkeit entdeckte und erlernte, haben sich immer mehr Menschen zu seelsorglichen Gesprächen mit mir getroffen. Ich glaube, dies ist kein Zufall, sondern die Menschen haben ein gutes Gespür dafür, wem sie trauen können. Beim Schreiben wird mir ganz warm ums Herz, wenn ich an diese Menschen denke, an deren Leid und Schuld, an deren Irr- und Talwege. Oft hatten sie die Kirche abgeschrieben

oder ihr den Rücken zugekehrt. Diese Begegnungen empfinde ich als großartige und wunderbare Geschenke. Sie machen mich demütig und geben mir Hochachtung und Toleranz den Menschen gegenüber. Letztlich schreibe ich dies der Erfahrung und dem Zulassen der Intimität zu, die mich zu einem zärtlichen und offenen Menschen gemacht haben. Mein Weg dorthin war allerdings mit dicken und schweren Steinen versperrt.

«Wenn Schwache es wagen, sich zu segnen, sich zu tragen, bleiben Schwache nicht schwach; es werden in uns allen, werden in uns allen Mut und Hoffnung wach«

Während meiner Oberstufenzeit im Gymnasium wurde in mir der Wunsch wach, Priester zu werden. Kirche und das Engagement in der Jugendarbeit machten mir viel Freude und schenkten mir Anerkennung. Mein Religionslehrer, ein Priester, ermutigte mich dazu. Das Priesterseminar, eine gleichgeschlechtliche Gemeinschaft, gab mir Sicherheit und Halt. Zu diesem Zeitpunkt hatte ich noch keine bewußte Ahnung über meine Homosexualität. Ich leugnete meine Sexualität, vergrub sie; sie kam so nicht mehr vor. Masturbation sah ich als notwendiges Übel an, das sich irgendwann geben würde. Außer am Rande, im Beichtgespräch, wurde über Sexualität im Seminar nicht gesprochen oder reflektiert. So kam ich also ganz gut über die Runden. Ich hatte meinen Freundeskreis, Männer und Frauen, und fühlte mich im großen und ganzen sehr wohl. So wurde ich Priester, ohne daß ich mich mit meiner Sexualität und meinen erotischen Gefühlen groß auseinandergesetzt hatte, vieles lief einfach unbewußt daher.
Erst nach meiner Weihe, durch ein erstes homosexuelles Erlebnis mit einem Priester bedingt, setzte ich mich mit meinen homosexuellen Gefühlen und Empfindungen auseinander. Über dieses erste Erlebnis bin ich sehr erschrocken. Es kam ganz plötzlich bei einem gemeinsamen Urlaub. Ich schämte mich, empfand Haß und Wut, ich fühlte mich verletzt und löste die Freundschaft. Ich fühlte mich allein, verstoßen, mit Makel behaftet, ich hatte Angst, es könnte öffentlich werden.
Unserem Praxisbegleiter, der uns vom Seminar vorgegeben war, vertraute ich mich an. Doch der meinte, dies könne passieren, das sei normal. Ich könnte das schon verkraften. Dies löste eine Lawine der Irritation in mir aus. Homosexualität wurde nun mein beherrschendes persönliches Thema.
Manchmal fuhr ich in die Stadt, um dort Lokale aufzusuchen, in denen Homosexuelle verkehren. Einfach dort sein, bei ande-

ren Homosexuellen, und wenn es nur wenige Minuten waren. Und immer wieder diese Angst, erkannt zu werden. Ich traute mich nicht, meinen Kummer anderen mitzuteilen; meine Scham hinderte mich. Während dieser Zeit, sie dauerte einige Jahre, las ich viel über Homosexualität, ich setzte mich damit auseinander. Mein Vertrauen auf die grenzenlose Vergebungsbereitschaft Gottes schenkte mir in dieser schweren Zeit die nötige Balance, ließ mich immer wieder neu anfangen und Kräfte sammeln. Die Aussage in 1 Joh 3,20: »Vor ihm beschwichtigen wir unser Herz; denn wenn unser Herz uns auch anklagt, so ist Gott doch größer als unser Herz, und er weiß alles«, wurde zu einem Herzstück meines Glaubens und meiner Verkündigung.

Vor fünf Jahren lernte ich meinen jetzigen Freund kennen. Er ist wie ich Priester. Wir besuchten uns sporadisch, tauschten uns aus. Und es dauerte zwei Jahre bis der »Funke« überflog, bis zu dem Treffen, wo wir uns unsere Homosexualität eingestanden. Ein sehr glücklicher Tag. Eine Zeit der erotischen Verliebtheit schloß sich an, wir verkehrten sexuell miteinander. Ich lernte erotische Liebe kennen, und ich lernte diese homosexuelle Neigung an mir zu akzeptieren, mich anzunehmen wie ich bin.

Menschen, die mir sehr nahestanden, erzählte ich davon. Ich erlebte Verständnis und Akzeptanz. Es war ein Schritt heraus aus der Anonymität, aus dem Verborgenen und Dunkeln. Durch meinen Freund lernte ich auch eine Gruppe schwuler Christen kennen, darunter auch Priester.

Ich setzte mich also auch zwischenmenschlich mit meiner Sexualität auseinander. Bei einem Arzt und Therapeuten konnte ich viele Verletzungen der Vergangenheit aufarbeiten. Ich definierte mich nicht mehr in erster Linie als »homosexuell«, so als hätte ich einen Makel. Ich lernte mich in erster Linie als Menschen zu definieren, ein Mensch, der sexuell empfindet auf seine individuelle Art. Ich konnte mir wieder in die Augen schauen.

Allerdings ließ sich diese sexuell aktive Phase mit unserem Zölibatsversprechen nicht vereinbaren. Ich hatte Schuldgefühle, doch nicht mehr, weil ich homosexuell bin, sondern weil diese so gelebte Beziehung nicht wahrhaftig ist. Dieser Zwiespalt drohte mich innerlich zu zerreißen. Die Liebe hatte einen Beigeschmack der Unehrlichkeit, der die Freude nahm. Nach dem beflügelnden Erlebnis erotischer genitaler Liebe erfolgte der Absturz. Das war es auch nicht, was wir wollten. Doch die Erfahrung von Intimität, von ganzheitlicher Annahme und Bestätigung, vom prickelnden Eros zueinander, wollten wir nicht aufgeben. Diese Erfahrungen wurden mir sehr wichtig und wertvoll,

das Wort »Liebe«, das ja häufig in der Verkündigung vorkommt, bekam eine neue, tiefe Dimension, ich erlebte Glück auf eine neue Art und Weise; der Eros, angestoßen in dieser zwischenmenschlichen Beziehung, entzündete auch meine Beziehungen zu den Menschen und zu Gott, entzündete mein ganzes Leben. Ein großer Gewinn.
Unsere Beziehung haben wir jetzt so gestaltet, daß wir bewußt auf die genitale Sexualität verzichten. Wir passen gegenseitig auf, diese Grenze nicht zu überschreiten. Für mich ist dies ein Akt des freien Willens, der bewußten und freiwilligen Entscheidung für den Zölibat. Unsere Liebe und damit unsere Achtung voreinander, zölibatär zu leben, ist zur Zeit stark genug, auf genitale Sexualität zu verzichten; wir würden uns ja sonst verletzen. Das ist für uns mühevoll, aber ein guter und ehrlicher Weg. Zärtlichkeiten miteinander genießen wir, sie sind ein großes Glück von Nähe und Geborgenheit. Wir pflegen Intimität, das offene und ehrliche Gespräch, die echten Begegnungen. Sie sind große und entscheidende Hilfen und Kraftquellen für unser Leben, auch das Streiten und das Ringen, sich zu verstehen und sich gegenseitig anzunehmen.

Ich bin ein Mensch wie alle andern,
ich möchte leben, leben – hörst du mich,
und du brauchst vielleicht mich –
ich brauche dich,
ich bitte dich mit mir zu gehn,
ich weiß genau, du läßt mich hier nicht stehn.

Diese Liedzeilen möchte ich auch an Gott richten, sie sind für mich auch Gebet: Anrufungen an seine Treue und an seine Verheißungen, Leben zu schenken. Sie drücken meine Sehnsucht aus, daß Intimität auch mit Gott möglich ist.
Hierbei habe ich die Heilige Schrift als wertvolle Quelle entdeckt, auch die persönliche Meditation und das Schriftgespräch mit anderen, die Psalmen im täglichen Beten und die Feier der Eucharistie. Gerade bei der Eucharistie erlebe ich immer wieder tiefe Momente der Intimität mit Gott. Das einfache »Bei-und-mit-Gott-sein«, Momente des Glücks, der Stille, der tiefen Annahme, der Vereinigung mit ihm. Es ist wunderbar, wenn ich dazu meine Gemeinde einladen kann, wenn ich spüre, daß auch die Gottesdienstteilnehmer ihr Leben, ihre Sehnsüchte, ihre geglückten und auch mißglückten Erfahrungen hineinfließen lassen können. Die Feier der Eucharistie ist für mich die Feier un-

serer Beziehungen zu Gott. Je mehr ich meine Gemeinde liebe, mich auf sie einlasse, um so mehr wird für mich die Eucharistie zu einer intimen Feier mit Gott, zur Vereinigung mit ihm und mit der Gemeinde. Diese tiefen Erfahrungen geben mir Kraft, auf genitale Sexualität zu verzichten.
Ich möchte hier betonen, daß die Eucharistiefeier für mich keine »fromme« Feier des Priesters für die Gemeinde ist, sie ist für mich vielmehr eingebunden in meine Beziehungen zu den Gemeindemitgliedern. Je mehr ich mich auf die Menschen einlasse, auf ihr Suchen und Ringen, auf ihre Freuden und ihr Glück, auf ihre Sorgen und Ängste, auf ihr Versagen und ihre Schuld, desto tiefer und wärmer kann die Eucharistie werden. Nicht ich bewirke etwas, sondern es ereignet sich Begegnung mit der Intimität Gottes.
Auch sind Zeiten der Stille wichtig für meine Beziehungen zu Gott. Die Gewissenserforschung, nicht nur nach dem, was falsch und mißlungen ist, sondern besonders auch die Frage nach der Zärtlichkeit. Wo ist mir heute Zärtlichkeit begegnet? Wo konnte ich zärtlich sein? Wo konnte ich heute Ansehen und liebende Akzeptanz spüren? Wo konnte ich heute intim sein? Fehlen diese Erfahrungen, ist der Tag geprägt von Streß und Hektik, dann erinnere ich mich gern an zärtliche Zuwendungen. Das bewahrt mich davor, in depressive Löcher zu stolpern. Zweimal im Jahr gestatte ich mir fünf Tage in einem einsamen Kloster. Das ist mein Urlaub mit Gott, eine Quelle der Intimität.

Als Resümee möchte ich festhalten: Das Einlassen auf Intimität ist für mein Leben nicht nur not-wendig, sondern unverzichtbar geworden. Ohne Intimität würde mein Leben verkümmern und verdorren.
Intimität kommt in meinem gesamten Beziehungsgefüge vor: zu Gott, zu den Menschen meiner Gemeinde, zu Freundinnen und Freunden, zur Natur, zu mir selbst. Sie braucht Pflege, benötigt Aufmerksamkeit und Reflexion.
In der intimen Beziehung zu meinem Freund brechen auch sexuelle Gefühle auf, die wir zulassen, die wir mögen und schätzen. Wir haben uns dabei eine Grenze gesetzt. Es ist der Verzicht auf genitale Sexualität, um als Priester wahrhaftig zu leben. Dies war und ist ein Prozeß, der gewachsen ist, bedingt durch die Erfahrung und das Zulassen von Intimität in den zwischenmenschlichen Beziehungen und den Beziehungen zu Gott.

Wie unsere Liebe leben?

Eine Ordensfrau und ein Ordensmann beschreiben in einem Brief ihre Freundschaft:

Lieber Ludger,
Ich grüße Dich in herzlicher Freude, weil ich mich *immer* so sehr freue, wenn ich an Dich denke.
Gut fünf Jahre kennen wir uns jetzt, und ich bin so glücklich, daß es Dich gibt in meinem Leben.
Wenn ich Dir sagen sollte, was mein Herz für Dich singt, so könnte ich mit Augustinus sagen: »Die Sprache sagt es nur, soweit sie es vermag. Den Rest muß das Herz denken.«
Bei allem Erleben in unserer Liebe mit all ihren Sehnsüchten und all ihrem Verlangen weiß ich immer (will ich immer bedenken), daß Gott in besonderer Weise seine Hand auf Dich gelegt hat (ähnlich gilt es für mich) und daß wir uns nie voll in ehelichem Tun schenken und binden dürfen und können, weil wir uns dem, der uns noch unendlich mehr liebt, als wir uns zu lieben vermögen, versprochen haben.
Ich denke mir, solange wir uns in diesem Bewußtsein begegnen und nahe sind, wird unsere *Um-armung* nicht zu einer *Ver-armung* unserer Liebe zu Gott noch unseres geistlichen Lebens führen.
Eher glaube ich, ahnen zu können, mit welcher zärtlichen Liebe Gott uns liebt und welch göttliche Kraft uns zu einem ehelosen Leben befähigt. Aus uns selbst könnten wir es nicht. Allein durch Gottes Gnade bin ich, was ich bin – und alles vermag ich nur in dem, der mir die Kraft dazu gibt.
Es liegt mir fern, hochmütig zu sein und unsere freundschaftliche Beziehung so zu glorifizieren, als könnte es uns nicht passieren, daß wir in unsere Menschlichkeit »einen Schritt zu weit« gehen und unser Gelübde verraten.
Ich weiß, Du denkst genauso, und ich bin sehr froh, daß wir zwischendurch immer wieder darüber sprechen, gleichsam eine Standortbestimmung machen.
Mir ist bewußt, daß es eine Gratwanderung ist. Denn ich glaube, viele zölibatär lebende Menschen haben vor uns versucht, eine solche Beziehung zu leben und mußten dann erkennen, daß es so für sie nicht geht. *Sind wir standfester??? Es wäre hochmütig, so zu denken!!!*

Ich erzählte Dir, daß ich es vor 20 Jahren (in der Bekanntschaft vor meinem ewigen Gelübde) so auch nicht hätte leben können. Ich war voller Angst, meinen Beruf – meine («ausschließliche«[?]) Liebe zu Gott – zu verlieren und damit meinen Ordensberuf, in dem ich mich sehr glücklich fühle.

Warum geht es mir heute so gut damit?

Weißt Du, im Laufe meiner Ordensjahre habe ich mich immer mehr verliebt in den Mann von Nazareth. Ich habe bei seinem Gespräch mit der Samariterin am Jakobsbrunnen gelauscht. Und ich erinnerte mich an mein resolut katholisch-christliches Elternhaus, in dem ich gelernt hatte, was »man« tut oder auch nicht tut... wie man sich in guter Distanz gegenüber einem männlichen Wesen und sicher gegenüber einem Priester verhält usw.
Ich höre weiter, wie zärtlich Jesus meinen Namen ausspricht, wenn ich mich in das Gespräch des Auferstandenen mit Maria von Magdala einschwinge.
Ich beobachte, wie *frei* und wie tief Jesus sich in Liebe und Zuneigung den Menschen (den Frauen) nähert und sie nahe an sich herankommen läßt (vgl. Fußsalbung im Hause des Simeon – Gespräch mit Maria, der Schwester des Lazarus).
Bei all dem ist mir aufgefallen: Jesus hatte keine Berührungsängste – auch nicht mit dem anderen Geschlecht. Darum kann ich unsere Liebe zueinander mit Freude erkennen und zulassen. Meine Freundschaft zu Dir schenkt mir eine ganz neue Lebensqualität. Einmal in einer neuen *Liebe zu mir* – ich *darf ICH* sein in einer neuen *Liebe zu den Menschen* – in einem tieferen Verständnis für ihre Gefühle und Eigenarten – und schließlich in einer ganz neuen, freimachenden *Liebe zu Gott.* Mein Leben ist durch Dich sehr viel bunter, wärmer, leichter, weiter und tiefer geworden.
Im Wissen um Deine Liebe, in der ich mich angenommen fühle, obwohl Du »meine Macken« kennst, wie Du sagst, wachse ich bisweilen über mich selbst hinaus – fühle ich mich stark – wage ich Dinge, die ich bis dahin *nie* gewagt hätte.
Darf ich es so sagen: Ich empfinde diese neue Lebensqualität als das »göttliche Leben« in mir, und ich glaube, es ist Gottes Geschenk an mich durch Dich. Ich fühle mich gehalten – aber nicht festgehalten – ich fühle mich eingeladen, aber immer mit der zärtlichen Einladung Jesu: ... wenn du willst!

Ja, manchmal fühle ich mich wie ein Kind, das sein Leben spielerisch meistert ohne Leistungsdruck, aber mit dem unbändigen Drang, dies oder das einmal zu versuchen und tun zu dürfen (z.B. zu predigen oder meine Gedanken zu referieren usw.).
In unserer Freundschaft fühle ich *etwas* von der Fülle des Lebens, die Jesus uns versprochen hat, und von dem Kind in mir, das ER so sehr liebt. Vor Dir darf das *kleine Mädchen in mir* leben.
Ich habe – mit guten Gefühlen – oft den Eindruck, daß Du sehr tief in meine Seele schaust. Das lockt mich, mein Leben, mein tiefes Fühlen, meine Freude und meine Ängste, meinen Glauben und meinen »Unglauben« vor Dir auszusprechen, Dir für einen Augenblick zu übergeben. So kann ich es mir mit Dir zusammen ansehen und neu in mich aufnehmen. So wirst Du für mich zum Spiegel, in dem ich mein eigenes Leben anschauen darf, das tief in mir pulsiert. *Oder etwas anders gesagt:* In unseren gemeinsamen Gesprächen fühle ich mich manchmal wie Samuel, der zusammen mit Eli versucht, herauszuspüren, was Gott von ihm will, was sein Weg ist.
In unserer Liebe zueinander meine ich auch etwas zu erahnen von der gottgewollten Ergänzung von Mann und Frau. Ich lerne mich mehr und mehr anzunehmen in meiner Leiblichkeit – in meiner Fraulichkeit mit all meinen Gefühlen.
Ich lerne, es mir zu erlauben, meine Sexualität zuzulassen und sie als eine *Kraft* zu erleben und als *Sendung*, das weibliche Element in Gott den Menschen nahezubringen.
Lieber Ludger, das hört sich alle so phantastisch an. Nun ist es aber nicht so, als hätte ich gar keine Probleme in unserer intimen Beziehung. Das schwerste ist, daß wir in aller Offenheit doch noch sehr »versteckt« bleiben müssen – daß unsere Familien und meine Mitschwestern unsere Beziehung doch mit einer »guten« Portion Skepsis und Sorge beobachten. (Ist das auch ein gewisser Schutz für uns?) Bei allem guten, eigenverantwortlichen Tun beschleicht mich zwischendurch auch immer wieder die bange Frage: Wo lebe ich »auf Kosten der Verfügbarkeit innerhalb meiner Gemeinschaft«?
Und noch eins. Meine bewußte Entscheidung zum Verzicht auf Partnerschaft, Sexualität und Mutterschaft habe ich in unserer Beziehung neu schmerzlich empfunden. Ich bin froh, daß wir auch darüber ausgiebig sprechen können.
Ich bin sehr froh darüber, daß wir uns beide gut vorstellen könnten, miteinander eine Familie zu gründen.
Ich bin genauso froh darüber, daß wir beide den freigewählten Verzicht schmerzlich spüren »dürfen«. Denn ich meine, das

spricht für unsere gesunden Gefühle. Ich vertraue darauf, daß wir – in allem Verlangen – einander immer wieder daran erinnern, wem wir uns in letzter Hingabe versprochen haben. Und was ist diese Gabe im Vergleich zu dem, was ER uns gibt!
In einer Meditation über die evangelischen Räte kam mir der Gedanke, daß ich zwar Ehelosigkeit gelobt habe, nicht aber Beziehungslosigkeit. Und immer wieder zeigt Jesus mir, daß ER einige Menschen und darunter einen Menschen besonders liebte. So denke ich mir, auch ein zölibatäres Leben ist in einer – dem Lebensstand entsprechend verantwortlichen – tiefen intimen Freundschaft leichter und gesunder und geistlich fruchtbarer zu gestalten.
Vor einiger Zeit las ich folgenden Text aus den Legenden, die sich um den hl. Franz von Assisi ranken. Da heißt es in einem umbrischen Lied:

»Eines Tages sagte Franziskus weinend zu Jesus:
Ich liebe die Sonne und die Sterne,
ich liebe Klara und die Schwestern,
ich liebe das Herz der Menschen und alle schönen Dinge,
mein Herr,
du sollst mir verzeihen,
denn nur dich sollte ich lieben!

Lächelnd antwortete ihm der Herr:
Ich liebe die Sonne und die Sterne,
ich liebe Klara und die Schwestern,
ich liebe das Herz der Menschen und alle schönen Dinge,
mein Franziskus,
Du sollst nicht weinen,
denn ich liebe dasselbe wie du!

Singend entgegnete ihm Franziskus:
Ich liebe die Sonne und die Sterne,
ich liebe Klara und die Schwestern,
ich liebe das Herz der Menschen und alle schönen Dinge,
mein Herr,
ich danke dir für die ganze Schöpfung,
die ich lieben darf!«

So glaube ich und vertraue darauf, daß alles, was ich bin und fühle in unserer Liebe, zunächst einmal gut ist – ja, ich fühle mich damit von Gott beschenkt. Und darum fühle ich mich

wohl in unserer Freundschaft, bei dem, was wir uns zusprechen – mit Worten und im Austausch von Zärtlichkeiten.
Ganz besonders freue ich mich darüber, daß auch die gemeinsame Stille und das gemeinsame Gebet einen festen Platz in unserem Miteinander haben. Darauf möchte ich nie verzichten. Es gibt sonst keinen Menschen (auch nicht in meiner klösterlichen Gemeinschaft), bei dem ich so frei über meine Gottesbeziehung sprechen könnte, mit dem ich so frei beten, vor dem ich so meine intimsten Gedanken aussprechen könnte. Gott soll in unserem Freundschaftsbund immer dabei sein, damit ER uns und unsere Liebe segne.
Ich will jeden Morgen aufs neue dankbar sein für seine Berufung – für seine Erwählung in seine engere Nachfolge. Wir wissen es beide, das Leben Jesu war kein Spaziergang, sondern ein Kreuzweg – aber ein Leben in Freundschaft, voll zärtlicher Liebe – auch zu Dir und mir! Ob ER uns dies zeigen will in der Liebe, die ER in unseren Herzen füreinander entfacht hat?

Gott segne Dich

Deine Schwester Anna

Meine liebe Anna,
vielen Dank für Deinen lieben Brief. Ja, plötzlich warst Du da, damals vor gut fünf Jahren. Eine neue Mitarbeiterin. Eine Ordensfrau.
Ich war voller Vorurteile gegenüber Ordensfrauen. Jetzt mußten wir miteinander arbeiten. Ich lernte Dich kennen. Ich spürte einen lebendigen Menschen in diesem Ordensgewand. Ich spürte Deine Begeisterungsfähigkeit. Du konntest träumen wie ein Kind. Ich merkte Deinen tiefen, kindlichen Glauben. Wie Du die Bibel gelesen hast, das war faszinierend. Ich ahnte, daß Frauen die Bibel vielleicht mit anderen Augen lesen. Auf einmal hatte ich Lust und Kraft, mit Dir zusammen Tagungen und Einkehrtage vorzubereiten. Ideen und Gedanken kamen wie von selbst.
Als wir uns anläßlich meines Geburtstages zum ersten Mal umarmten, da wußten wir beide: Wir haben uns ineinander verliebt. Das war sehr aufregend! Ich mußte mit Dir und mit meinen Freunden darüber sprechen. Ich habe teilweise gestottert und gestammelt. Du hast mich verstanden. Meine Freunde haben mich verstanden.
Ich bin Priester. Ich bin es gerne. Das ist mein Weg. *Du bist Ordensfrau.* Du bist es gerne. Das ist Dein Weg. Wir wissen es. *Da*

stellt sich die Frage: wie unsere Liebe leben? Ich kann mich noch gut erinnern. Du hast damals gesagt: »Unsere Liebe darf nicht ›größer‹ werden, sie muß ›tiefer‹ werden.

Gut fünf Jahre sind seitdem vergangen. Unsere Liebe *ist* tiefer geworden.

Wir haben deutlich entschieden, auf genitale Sexualität zu verzichten. – Ich bin recht sicher: Wir werden uns daran halten. Natürlich habe ich öfter den Wunsch. Ich kann ihn äußern, nicht um Dich dazu zu bewegen. Aber wenn ich meinen Wunsch ausspreche, bleibt er nicht im Dunkeln. Er beherrscht mich dann nicht. Dir darf ich meine tiefsten Wünsche sagen. Das ist für mich befreiend. Du kannst auch von Deinen sexuellen Wünschen sprechen. Wir müssen ihnen nicht folgen. Wir erinnern uns gegenseitig, wem wir unser Leben versprochen haben.

In der Begegnung mit Dir erlebe ich mich auch als Mann. Ich erlebe meine sexuelle Kraft. Ich bin dafür dankbar. Ich habe ein anderes Verhältnis zu meinem Körper bekommen. Ich lerne: Er ist ein Geschenk – und ich ahne, Gott spricht mich auch durch unseren Körper an.

Früher habe ich Liebeslieder belächelt. Ich habe manchmal hochmütig darüber geurteilt. Heute weiß ich, es ist schön, sich zu verlieben. Es ist gut und wichtig, wenn die Liebe dann geerdet wird, wenn sie – auch durch Schmerzen – in die Tiefe wächst. Es ist schön und schmerzhaft zugleich, Sehnsucht zu haben.

Durch Dich, liebe Anna, habe ich erfahren, wie es Gott mit seiner Sehnsucht nach uns gehen mag. Wir sehen uns nicht sehr oft. So ist meine Sehnsucht nach Dir manchmal sehr groß. Dann denke ich: So wird Gott sich nach mir sehnen, nach uns.

Liebe Anna, unsere Freunde wissen um unsere Beziehung. Wir wollen sie bewußt ein Stück offen leben. Sie tragen sie mit. Sie haben uns gefragt: »Und wie ist es mit Umarmen, Streicheln, Küssen? Ist euch alles erlaubt, nur das Letzte nicht?«

Ich bin sehr froh, daß auch Deine Mitschwestern um unsere Beziehung wissen. Du hast mir gezeigt: Der erste Sinn unserer Liebe und Freundschaft ist die Hingabe an Christus. IHN immer mehr finden, das ist unser Weg und unser Ziel.

Jesus war ein lebendiger Mensch. Er war zärtlich und liebevoll. So dürfen wir einander umarmen und lieb haben. Seitdem mir das deutlich geworden ist, kann ich auch anderen Menschen deutlicher zeigen, wie sehr ich sie mag. Durch Dich liebe ich Christus und die anderen *anders,* ich meine: mit mehr Leib und mit mehr Seele.

Wir verzichten auf ausgesprochen sexuelle Zärtlichkeiten. Wir verzichten darauf, miteinander zu schlafen. Wir verzichten darauf, häufig zusammen zu sein oder auch die Zukunft gemeinsam zu planen. – Ich bin dankbar, daß wir bisher die Kraft hatten. Dennoch, ich erlebe da auch eine große Spannung. Sie ist nicht immer leicht auszuhalten. Als ganz junger Mensch hätte ich sie vermutlich kaum aushalten können. Jetzt erlebe ich, wie sie uns lebendig hält. Sie ist sehr fruchtbar. Sie hilft mir in meinem Beruf, Menschen besser zu verstehen. Sie macht mir neu bewußt, daß wir hier nicht unsere endgültige Heimat haben. So seltsam es klingen mag und so gerne ich lebe: Mit Dir freue ich mich auf den Himmel.

Du bist mein großes Glück. Ich hätte es früher nie für möglich gehalten, eine solche Freundschaft leben zu können. Ich könnte auch anders sein: ein unnahbarer Mensch, dem nichts nahe kommt. Ich könnte klerikal sein – auf Privilegien versessen – zynisch – superempfindlich für Kritik – ein harter Einzelkämpfer – blind für viele tiefere Nöte.

Wir telefonieren gerne miteinander. Du spürst sofort, wie es mir geht. Wir beide haben eine sehr schwere berufliche Aufgabe. Wir werden mit viel Leid und Leiden konfrontiert. Ich erzähle Dir meinen Tag. Du hörst zu, Du hinterfragst, Du kritisierst auch. Dann kann ich den Tag und die Menschen besser loslassen und in Gottes Hand geben. Du weißt, daß ich von Supervisionen viel halte. Die Gespräche mit Dir ersetzen viele Supervisionen. So kann ich besser Priester sein. Unser Austausch kommt so vielen Menschen zugute.

Wir leben nicht eine Beziehung, die andere ausschließt. Wir haben gute Kontakte zu unseren Familien. Ich habe viele gute Freunde und Bekannte. Ich habe viele Menschen, mit denen ich ganz Persönliches besprechen kann. Und doch ist die Beziehung zu Dir einzigartig. Sie macht mich fähig, anderen freier zu begegnen – auch Frauen. Ich kann mit Nähe und Distanz besser umgehen. Ich kann Dir nur immer wieder sagen: Ich bin so beschenkt! Bei all dem Schönen in unserer Freundschaft bin ich sehr froh, daß Dir auch Deine Schwesterngemeinschaft so sehr wichtig ist, daß Du Dich auch immer wieder zu Deiner Gemeinschaft hingezogen fühlst.

Unsere Oberen können uns äußerlich noch weiter voneinander entfernen. Ich hoffe, es kommt nicht so! Aber wenn wir auf unsere Liebe achtgeben und wenn Gott es uns schenkt, dann kann uns niemand mehr von einander trennen.

Sei herzlich umarmt und gesegnet! Es grüßt Dich in Liebe

Dein Bruder und Freund Ludger

2. KAPITEL

GRATWANDERUNG

Eine ständige Gratwanderung

Ein Priester berichtet:

Ausgangspunkt meiner Überlegungen und der Darlegung eigener Erfahrungen soll die Frage nach den Grundbedürfnissen des Menschen sein. Ihr haftet m. E. ein hoher Grad an Aktualität an angesichts von Defizit-Erfahrungen in Lebensformen und -qualitäten heutigen gesellschaftlichen Lebens. Gehört zu solchen Grundbedürfnissen die Erfahrung von Intimität dazu?
Die Antworten auf diese Frage werden sehr unterschiedlich ausfallen. Ergebnisse von Erziehungsprozessen, mancherlei Einflüsse und persönliche Disposition führen zu divergierenden Graden innerer Freiheit oder auch zu Ängsten, die die gebotenen Möglichkeiten und Chancen der »Lebens-Verwirklichung« graduell sehr verschieden nutzen lassen.
Weitere Fragen drängen sich auf: Müssen alle Grundbedürfnisse Erfüllung finden? Wie könnten sie – zumindest phasenweise – kompensiert werden, ohne zu negativen Persönlichkeitsstrukturen, zu Fehlhaltungen und -entwicklungen beizutragen?
Ein anderer Frageansatz könnte auch lauten: Wie kann jemand ein reifer Mensch (Frau/Mann) werden? Welche Kriterien spielen dabei eine Rolle?
Für zölibatär lebende Personen wäre nochmals verschärft zu fragen, wie sie die Lebensform zusammen mit der beruflichen Anforderung verwirklichen können, wenn bewußt ein Erfahrungsraum (Ehe/Familie) ausgeklammert wird/werden soll?
Für zölibatär lebende Personen mit offensichtlichen Defiziten im Kommunikativen und Mitmenschlichen – wie Klammern an Rollen und Formalien, am Bürokratischen und Juridischen – scheinen manchmal die Begründung abzugeben für den Schluß: Ohne Intimität (evtl. incl. Sexualität) kann der Mensch nicht zu einer reifen Person heranwachsen.
Dem widerspricht die Erfahrung, daß es reife, sensible und zufriedene Menschen gibt, die bewußt auf Ehe und Familie und jegliche Form einer intensiveren Intimität mit einem anderen Menschen verzichten.
Persönliche Prüfung und reflektierte Entscheidung des einzelnen muß im konkreten Fall den Weg weisen.
Zu meinem eigenen Weg: Einige Zeit vor dem Abitur fand ich zur grundsätzlichen Entscheidung, Theologie zu studieren, was

damals identisch war mit dem Erstreben des geistlichen Berufs. Zu einem früheren Zeitpunkt während der Studienzeit kam die bewußte Überlegung auf, »normal« zu sein, auch dem andern Geschlecht gegenüber; Verklemmtheiten im Umgang miteinander, Absonderung und Ängste wollte ich überwinden.
Die bewußte Suche von Kontakten, verbale Kommunikation (auch spielerisch, im Flirt), der »Körperkontakt« = Berührungen/Umarmungen, die ich erst lernen mußte, weil sie im familiären Herkunftsmilieu nicht vorkamen, waren für mich »Einübungsfelder«. Freude daran, daß ich das »konnte«, ohne »weitergehende Absichten« zu haben, sie unverbindlich stehen zu lassen, kennzeichneten die Erfahrungen dieser Periode. Die Kehrseite aber offenbarte sich auch immer neu: daß solche Zeichen mißverstanden werden konnten, daß sie zu Erwartungen führten, die, wenn sie sich nicht erfüllten, notwendigerweise zu Enttäuschungen führen mußten.
In einer bewußt gesuchten, gepflegten Beziehung zu einer Frau über lange Zeit mit vielfältigen Ausdrucksformen von Verbundenheit, Nähe und Intimität, mündete diese schließlich nach Jahren auch in den Erfahrungsraum genitaler Sexualität. Der bewußten Bindung in solcher Beziehung stand die Zusicherung gegenüber, das Gebundensein im kirchlichen Beruf zu akzeptieren. Erst die konkret geäußerte, über viele Jahre sich selbst nicht eingestandene Erwartung einer dauerhaften Lebensgemeinschaft – innerlich und äußerlich – führte schließlich zu meiner bewußten, einseitigen Trennung aus der Erkenntnis, daß unser beider Begegnungen auf Dauer immer wieder nur heftige Konflikte hervorrufen würden.
Rückblickend läßt mich eine Bewertung und Einschätzung feststellen: Es waren intensive Begegnungen, die gegenseitige Beglückung umfaßten. »Bruchstellen« waren immer neu Zweifel und Bedenken auf meiner Seite, ob dieser Weg möglich und für meine Grundentscheidung akzeptabel sei. Mit zunehmender Dauer wurde für die Partnerin – in dem Maße, wie sie auch gegen die Lebensform des Zölibats offen eintrat – die Geheimhaltung ein Problem. Auch das Wagnis, im eng begrenzten Bekanntenkreis sich zu offenbaren, entschärfte diese Problematik nicht. Folgende Erfahrungsfelder kennzeichneten die Spannung der Beziehung über Jahre: heftige Diskussionen (auch und gerade über kirchliche Themen); ständige Versuche (im Laufe der Jahre zunehmend), durch Gespräche die Vertrauensbasis zu erhalten bzw. zu erneuern; sexuelle Begegnungen, die mit der Zeit etwas Routinemäßiges annahmen, Abwehr von realen oder vermeintli-

chen Erwartungen; Betonung der und Erstreben von Freiheit und Unabhängigkeit – schließlich die Einsicht, daß eine Fortsetzung ein Krampf und immer neue Spannung und Auseinandersetzung bedeutet hätten – und schließlich der »Ausstieg«, in einem schmerzlichen Prozeß vor allem auf seiten der Partnerin, der wohl noch nicht endgültig akzeptiert ist.
Trotz allem möchte ich für mich festhalten: Mein Leben fand große Bereicherung in dieser Beziehung, ich wäre nicht der (Priester) geworden, der ich heute bin und sein darf, gerade auch in der Sensibilisierung für emotionale Vorgänge, für Bedürfnisse aneinander, für Persönlichkeitsentfaltung und individueller Suche nach eigenen Lebenswegen. Eine wichtige Rolle spielt dabei auch, für ein anderes Denken und Fühlen »der Frau« sensibilisiert worden zu sein. Läßt sich die zölibatäre Lebensform gestalten ohne Intimität?
Läßt sich Intimität leben ohne sexuelle Ausdrucksform? Die individuelle, persönlich geprägte Antwort lautet: Zölibatäre Lebensform sollte Ausdrucksformen der Intimität in Freundschaft kennen. Eine Grenzziehung zwischen Intimität und Sexualität ist möglich, aber schwer zu bestimmen, weil letztere eine Eigendynamik entwickelt.
Nach Jahren des »solistischen Lebens« findet dies bei mir auch Ausdruck und Bestätigung in einer neuen Freundschaft, in der offen und bewußt die bisherigen Lebensformen und Grundentscheidungen bejaht und beibehalten werden, die Begegnungen in ihrer Vielfalt und Tiefe als Bereicherung und Geschenk erfahren werden. Meinerseits erfahre ich eine emotionale Tiefe und ein Ergriffenwerden wie noch nie zuvor. In mir ist neu ein Ahnen davon, was es in einem eigentlichen Sinne meint, einen Menschen zu lieben. Dabei erfahre ich den Spannungsbogen zwischen »Intimität und Ehelosigkeit« als eine ständige Gratwanderung. Und immer neu ist uns bewußt, wie unabdingbar das offene, vertrauensvolle Gespräch eine solche Beziehung erst möglich und lebbar macht.
Für uns beide beglückend ist die Erfahrung, daß die Dimension unseres (gemeinsamen) Glaubens einbezogen ist und Ausdruck findet im gemeinsamen Beten und der dankbaren Mitfeier der Messe. Ausgesprochen ist zumindest, daß keine gegenseitigen Erwartungen uns binden sollen und bei einer möglichen Trennung das Beglückende und Geschenkhafte uns bleiben soll.

Sehnsucht als Wunsch nach Begegnung und Zärtlichkeit

Ein Priester berichtet:

In der Zeit der beginnenden Pubertät empfand ich es als ein großes Glück, mit Mädchen zusammenzusein. Da wir zu Hause nur Jungen waren, waren Mädchen für mich geheimnisvolle Wesen. Unter den gleichaltrigen Jungen war eine obszöne Sprache üblich. Ich fühlte mich unwohl, wenn sie gesprochen wurde. Meine Begegnung mit Mädchen war davon nicht berührt.

Ich erwähne das, um deutlich zu machen, wie schockierend es für mich war, als mich der Religionslehrer (er war Priester) auf der Straße zu sich rief und mir erklärte, es gehöre sich nicht, so oft mit Mädchen zusammenzusein. Heute frage ich mich, ob dieser Priester überhaupt fähig gewesen wäre, in einem Gespräch mit mir über das richtige Verhältnis zu Mädchen zu sprechen. Das gesprächslose, verurteilende Bloßstellen hatte eine tiefe, langanhaltende Wirkung auf mich. Ich konnte jahrelang nicht ohne Scham über einen Kontakt mit Mädchen reden. Die Verurteilung des Priesters hatte ja nicht etwas Schuldhaftes, sondern etwas Normales als schlecht erklärt. Vielleicht war diese Verurteilung wie ein Vertreiben aus dem Paradies, das Verwehren, die Welt als Heimat zu erfahren, in einer Lebensphase, in der das Elternhaus nicht mehr Heimat sein kann.

Nach der Spiritualität, wie sie mir im Priesterseminar vermittelt wurde, schien das Erlebnis von Geborgensein für einen Priester nur bei Gott möglich zu sein. Freundschaft zwischen einem Priester und einer Frau kam offiziell nicht vor. Die Frau wurde nur in der Distanz geduldet. Als Nähe erfahren, galt sie als Gefahr für das zölibatäre Leben. Wenn Freundschaften zwischen einem Priester und einer Frau, wie sie aus der Kirchengeschichte bekannt sind, erwähnt wurden, wurden sie als für uns nicht lebbar gedeutet. Mit dem Hinweis, da müßten wir auch so heilig sein wie diese Priester. Was da geschah, war eine subtilere, aber von der Sache her ähnliche Zurechtweisung, wie ich sie damals durch den Religionslehrer erlebte.

Ein wichtiger Schritt zu einer anderen Sicht war die Lektüre eines kleinen Buches von Luise Rinser »Zölibat und Frau«. Ich kann mich nicht mehr an viele Einzelheiten des Buches erinnern. Das Entscheidende war der dort zitierte und kommentierte Brief

des früheren Erzbischofs von München, Kardinal Döpfner, an die Priester des Bistums. Darin war ein klares Ja zur Freundschaft des Priesters mit der Frau gesprochen. Diese Freundschaft wurde nicht, wo sie zustandekam, als eigentlich nicht wünschenswert hingenommen, sondern als wichtig und wertvoll beurteilt.
Es ist nicht gut, gegen Gottes Wirklichkeit zu leben. Die Gottes-Aussasge aus dem Schöpfungsbericht gilt: Es ist nicht gut, daß der Mensch allein sei. Zur Schöpfungsordnung gehört es offenbar nicht, daß dem Menschen von Gott gesagt wird: Du hast doch deine Arbeit, und du hast mich! Gott sieht in dem, was er schafft, nicht seine Konkurrenz. Claudel klärt dies in seinem Drama »Der seidene Schuh« im Gespräch zwischen Dona Proeza und dem Schutzengel.
D. P.: »Der Mann in den Armen des Weibes denkt nicht an Gott.«
Sch.: »Vergißt er ihn, während er bei ihm ist? Ist fern von Gott, wer einbezogen ist in das Geheimnis seines Schaffens?«
D. P.: »So war es gut, daß er mich liebte?«
Sch.: »Gut war es, daß du ihn die Sehnsucht lehrtest.«
Ich erlebe Sehnsucht als den Wunsch nach Intimität, nach Begegnung, in der Zärtlichkeit möglich ist. Ich weiß, die Sehnsucht ist größer als die zu erfahrende Intimität mit Menschen. Ich weiß aber auch, daß sie im Erleben von Intimität noch wächst. Die erste intime Begegnung mit einer Frau erschien mir wie ein Wunder. Ich spürte die Schöpfung Gottes reicher, tiefer. Diese Erfahrung wirkte sich heilend aus. Obwohl die Begegnung zunächst nicht sexuell geprägt war, wurde Sexualität von mir natürlich erlebt. Ich konnte unbefangener in der Pastoral über Sexualität sprechen. Die Frau war nicht mehr das tabuisierte Wesen. Die Ehe erschien mir nicht mehr vorrangig durch Sexualität bestimmt. Ich lernte die Realität des ehelichen Lebens besser zu erkennen. Aus der eigenen Nähe zu einer Frau lernte ich, welche Kraft notwendig ist, um einem Menschen gerecht zu werden, der einem nahe und vertraut ist. Mir wurde zunehmend bewußt, wie unnatürlich Äußerungen des kirchlichen Lehramtes klingen, wenn sie nicht loskommen von einer Fixierung auf die Sexualität. Mitunter ist es mit Händen zu greifen: So sprechen Männer, die nicht ja sagen können oder nicht ja gesagt haben zu einer intimen Begegnung mit einer Frau. Aus einer solchen Distanz zum Leben heraus ist es möglich und erscheint richtig, den Zölibat als Gesetz denen aufzuerlegen, die Priester werden wollen.
Ich habe mich schon oft gefragt, wie ein solches Gesetz zu ver-

antworten ist. Ich sehe das Problem nicht in der Ehelosigkeit, wie Jesus sie als charismatische Möglichkeit beschreibt. Mechthild von Magdeburg erlebt Gott so: »O Du ruhender Gott an meinen Brüsten! Ohne Dich kann ich nicht mehr sein« (Das fließende Licht der Gottheit, I,17). Wenn ein Mensch diesen charismatischen Weg wie Mechthild gehen kann, habe ich keine Sorge um ihn, die Sehnsucht könne in ihm sterben. Wo aber die Versteppung droht in einer unerotischen, kleingeistigen Atmosphäre, da fürchte ich um die Sehnsucht und um die Liebe. Als mir eine Ordensfrau von ihrer intimen Begegnung mit einer Mitschwester erzählte, wie sie im leblosen Konvent auflebte in einer Freundschaft, in der beide sich zärtliche Berührungen zugestanden, da spürte ich Dankbarkeit für die Freiheit, die sie diesen Weg finden ließ.
Wie mein Leben aussehen würde ohne die mit einer Frau erlebte Intimität, weiß ich nicht. Wenn ich Priester erlebe, die einen rigoristischen Lebens- und Sprachstil haben, wünsche ich, sie würden durch die nahe Beziehung zu einer Frau zu einer menschlicheren Pastoral finden. Ich stehe zu diesem Wunsch, auch wenn ich mir sage, daß dort, wo Intimität mit einer Frau zugelassen wird, der Schritt zur Sexualität nicht weit ist. Ich erlebe es in meiner eigenen Freundschaft, die ich nicht mehr durch ein kirchliches Gesetz reglementiert sehe. Die Regeln ergeben sich aus der gegenseitigen Achtsamkeit und Verantwortung. Weil Dankbarkeit und Trost und Stärke für das Leben die Freundschaft bestimmen, vertraue ich darauf, daß Gott diese Gaben schenkt und die Freundschaft begleitet.

Intimität hat in meinem Alltag viel mit Aufmerksamkeit zu tun

Als Ordensfrau Intimität zu leben und nicht nur darüber zu reden, wie ich es während der ersten 20 Jahre meines Ordenslebens getan habe, ist für mich zu einer Notwendigkeit geworden. Ich brauche eine Atmosphäre der Herzlichkeit und Wärme sowie Menschen, denen ich mich nahe fühlen kann, um meinen Weg aus der Krise der vergangenen Jahre weitergehen zu können.

Als Kind erlebte ich in einer sehr lebendigen Großfamilie grundsätzlich Geborgenheit und Schutz. Anerkennung und Lob gab es allerdings nur für vorweisbare Leistung und Erfolge; an Zärtlichkeiten kann ich mich kaum erinnern. Nur in bestimmten Situationen war es sozusagen »legal«, von den Eltern in den Arm genommen zu werden. Krankheit oder Angst bei starken Gewittern waren solche Situationen. Bald wurde man aber zu »groß«, um ins Bett der Eltern flüchten zu können. Der Satz »Dafür bist du schon zu groß« als Reaktion auf mein Bedürfnis nach Zärtlichkeiten ist mir noch gut in Erinnerung. Zu klein war man andererseits immer für alles, was mit Sexualität in Verbindung gebracht werden konnte. Sie war ein absolutes Tabu. Erste Freundschaften mit Jungen erhielten den Anstrich von etwas Verbotenem und mußten geheimgehalten werden, ebenso eine schon engere Beziehung zu einem etwa zehn Jahre älteren Mann, die ich mit 18/19 Jahren hatte.

Bei meinem Eintritt in den Orden war ich nicht ohne sexuelle Erfahrungen und hatte, da diese im Leben einer Ordensfrau scheinbar keine Rolle spielen durften, bald entsprechende Schuldgefühle. Es gab natürlich niemanden, der mir half, damit oder mit dem über viele Jahre erfolglosen Versuch, meine Sexualität mit Gewalt zu unterdrücken, zurechtzukommen. Das Klima in meiner Gemeinschaft war zudem nicht geeignet, Unterstützung auf dem Weg der Verwandlung sexueller Energien zu geben. Daß ich mich zutiefst für schlecht hielt und von einer liebevollen Annahme meiner selbst fast zu lange weit entfernt war, kann u. a. mit diesen Erfahrungen und mit der Tatsache zusammenhängen, daß ich mich immer für häßlich und damit für verachtenswert gehalten habe.

Während der ersten 20 Jahre meines Ordenslebens baute ich meine Überlebensstrategie »Sei tüchtig, erfolgreich und klug« weiter aus und verhinderte auch damit den notwendigen Schritt

einer umfassenden Selbstannahme. Ich war erfolgreich im Beruf und hatte einige freundschaftliche Beziehungen außerhalb des Klosters. Innerhalb meines Konventes aber war ich neben meiner beruflichen Karriere vor allem mit Beziehungsstörungen beschäftigt, galt als aufmüpfig und frech und erlebte fast permanente Ablehnung und Verletzungen. Allmählich fiel es mir immer schwerer, Zuneigung zu zeigen und anzunehmen, daran zu glauben, daß mich jemand nur um meiner selbst willen lieben könnte. Ich wagte nur noch bei ganz wenigen Menschen, einfach nur so zu sein, wie ich mich wirklich fühlte und mich selbst erlebte, zu meinen Bedürfnissen, Ängsten und Aggressionen zu stehen. Das führte zu einer völlig verkrampften, irgendwie gespaltenen Lebensweise und schließlich in eine umfassende Krise, in absolute Ausweglosigkeit, Resignation, Erstarrung und mitunter zu dem Wunsch, einfach nicht mehr zu sein.
In dieser Zeit wurde ich in eine kleine Gemeinschaft einer kirchlichen Erneuerungsbewegung geführt und begegnete dort Menschen, die mich angenommen haben, obwohl ich mich chaotisch und verzweifelt fühlte. Zum ersten Mal in meinem Leben machte ich die Erfahrung der lebendigen und ganz konkreten Nähe Gottes – eines Gottes, der mich kennt, mich zärtlich und sorgend begleitet, mich zutiefst berührt und mich wieder in Bewegung bringt. Für kurze Zeit verschwand meine Depression, und meine Lebensangst trat in den Hintergrund. Es gelang mir aber nicht, meine intensiven geistlichen Erfahrungen mit meinem Alltag zu verbinden. Und so fühlte ich mich schon nach wenigen Jahren erneut »am Ende«, ausgebrannt und orientierungslos – bis ich mich auf eine intensive therapeutische Begleitung einließ. Dabei konnte ich mit mir selbst wieder in Berührung kommen. Es gelang mir, meine Lebensrealität wahrzunehmen und sie – wenn auch mühsam – anzunehmen. Ich konnte spüren, daß ich eine starke Sehnsucht nach mehr und intensiverem Leben in mir trage, und erlebte mich durch die selbstverständliche Zuwendung beachtens- und liebenswert. Ich bekam Mut, zu mir selbst und meinen Bedürfnissen zu stehen, und konnte erkennen, wie sehr ich auf Zuwendung, Nähe und Angenommensein angewiesen bin. Mit Hilfe einer noch bestehenden Therapie schaffte ich es, dieses Bedürfnis nach Intimität zu bejahen und etwas dafür zu tun.
In dieser langen Zeit der Krise begegnete ich einem Mann, der sich zu mir hingezogen fühlte und mich begehrte. Er zeigte mir, daß meine Nähe ihm sehr viel bedeutet und er mich liebt, so wie ich bin. Er war (und ist) Priester. Dies brachte uns beide von An-

fang an in große Konflikte. Obwohl ich die Möglichkeit des Verzichtenmüssens immer vor Augen hatte und anfangs versuchte, meine Gefühle für ihn zu kontrollieren, fühlte ich mich durch jedes Zusammensein beschenkt, offen für immer tiefere Begegnung, und verlor meine Angst vor seelischer Berührung und körperlicher Nähe. Unsere Begegnungen machten mich einfach lebendiger und fähiger zum Mitfreuen und Mitsorgen. Wenn wir zusammen waren, fühlte ich mich quicklebendig, wach für alle Empfindungen, Erfahrungen ... und ganz frei von allem Leisten- oder Gutseinmüssen.
Bald genügte uns die intensive Begegnung im Gespräch und in gemeinsamen Erlebnissen nicht mehr. Wir blieben nicht beim Austausch kleiner Zärtlichkeiten und merkten, daß wir unser Verlangen nach intimem sexuellen Zusammensein auf Dauer nicht beherrschen könnten. Ich bekam Angst, daß wir nicht die Form finden würden, die wir beide auf Dauer leben wollen und können. In vielen Gesprächen erkannten wir schließlich, daß unsere Vorstellung von einem gelungenen zölibatären Leben nicht mit unserem Wunsch nach sexueller genitaler Intimität vereinbar ist. Dazu kommt, daß ich zu diesem Zeitpunkt nicht fähig war, mich für einen Austritt aus meiner Ordensgemeinschaft zu entscheiden.
Wir leben unsere Freundschaft jetzt in sehr großer Distanz, auch räumlich, und Intimität besteht nur mehr in intensivem Wissen umeinander mit sporadischen telefonischen Kontakten. Ich sehne mich nach mehr Nähe, ertrage die Entfernung notgedrungen und fühle mich trotzdem beschenkt, weil ich spüre, daß ich seinem Wesen immer noch nahe bin.
In der Anfangszeit dieser Beziehung habe ich sehr oft darum gebetet, daß wir beide unseren Weg erkennen und ihn dann auch gehen können. Ich meine, in diesen Monaten des ganz innen Aufgerissenseins hat auch in meiner Beziehung zu Gott etwas Neues begonnen. Als mir die Notwendigkeit eines Verzichts immer klarer wurde, konnte ich meinen Schmerz, meine Angst vor Einsamkeit, meine Sehnsucht zulassen und vor Gott tragen. Oft sah ich mich an der Grenze zum absoluten Nichts, durchlebte in vielen Träumen eine Gratwanderung zwischen neuem Leben (Träume, in denen Kinder geboren wurden, krank und verletzt waren oder gerade noch gerettet werden konnten) und tödlichem Absturz. Ich habe erfahren, daß Gott mitgeht, auch in die Abgründe, die ich selbst kaum aushalten kann. Gerade dort erreicht mich oft sein Wort, berührt mich so, daß ich mich wieder »bewegen« kann – nicht nur im übertragenen Sinn dieses Wortes.

Gott ist mir näher als früher, aber auch unbegreiflicher. Ich weiß, daß mich die alten geistlichen Erfahrungen nicht mehr tragen. Und so warte ich auf neue, die meiner Sehnsucht nach Nähe entsprechen. Ich suche auch nach anderen, authentischen Formen, nach meiner Spiritualität.
Intimität hat in meinem Alltag jetzt viel mit Aufmerksamkeit zu tun. Ich bemühe mich, meine Bedürfnisse, aber auch alles, was um mich herum geschieht, sensibel wahrzunehmen. Es ist mir wichtig, mich berühren zu lassen, auch wenn es weh tut, und immer wieder aufkommende Angst davor, getroffen oder betroffen zu sein, nicht zu verdrängen und auch mit mir selbst behutsam und zärtlich umzugehen.
Der Konvent, in dem ich seit mehr als 20 Jahren lebe, ist von seiner Größe, seinen Gewohnheiten und von seiner Zusammensetzung her wenig geeignet, das Gefühl des »Zuhause-Seins« zu vermitteln. Irgendwie hat man sich arrangiert, Begegnungen bleiben oberflächlich. Das weitgehende Fehlen von Konflikten (zumindest offener) zeigt das Fehlen eines Klimas der Echtheit. Aber auch mir fällt es nach den vielen Jahren, in denen ich mich zurückgewiesen, unverstanden und verletzt gefühlt habe, schwer, meinen Mitschwestern offen zu begegnen. Allerdings bemühe ich mich immer neu, mich so zu verhalten, wie es Ulrich Schaffer in folgenden Zeilen ausdrückt:

Laß mich spüren, daß du bist.
Zeige mir deine Ungereimtheiten,
sie sind mir lieber als deine Theorien.

Laß mich erleben, daß du fühlst und nicht nur denkst.
Habe die Not, die du hast.

Sei dir treu.
Nur so werde ich dich finden.

Intimität erlebe ich jetzt in einer kleinen Gruppe von Frauen und Männern, die sich nach einem gemeinsamen Kurs gebildet hat und sich regelmäßig trifft, meistens bei mir. Die Atmosphäre ist offen, herzlich und fröhlich. Wir begleiten uns mit Interesse und Anteilnahme z.B. bei anstehenden Entscheidungen, tauschen Erfahrungen aus, unternehmen auch gemeinsam, was uns gerade Spaß macht. Einige Beziehungen zu Verwandten, zu Freunden/innen haben ebenfalls manchmal diese Qualität. Es fällt mir jedoch schwer, Prioritäten zu setzen, mich nicht in zu vielen Kontakten zu verzetteln und mich den notwendigen Zeiten des Alleinseins auszusetzen. Mein Bedürfnis nach Angenommensein hat mich auch in die Nähe einer Beziehungssucht gebracht mit der Gefahr sehr vieler Kontakte, die an der Oberfläche bleiben.

Eine Freundschaft zu einer meiner Mitschwestern war und ist problematisch. Sie hat mein Bemühen, mich aus einer gewissen Abhängigkeit zu befreien, nur mühsam überstanden. Da es sich um eine sehr angesehene und beliebte Schwester handelt, die im Laufe der Jahre im Beruf und in der Gemeinschaft meine Vorgesetzte wurde, wird diese Beziehung von vielen kritisch beobachtet und beurteilt. Ich leide darunter, daß wir immer weniger Zeit füreinander haben, muß meine immer wieder aufkommende Eifersucht kontrollieren und damit zurechtkommen, daß die Offenheit, mit der wir uns früher alles mitgeteilt haben, jetzt Grenzen hat.

In meinem Beruf gelingt es mir immer mehr, für Menschen ganz »da« zu sein, offen und feinfühlig ihre Bedürfnisse wahrzunehmen. So kann ein Milieu der Nähe, Wärme und auch der Zuneigung entstehen, wird berufliches Tun zu einem intimen Geschehen. Oft kann einem inneren Angerührtsein von der Not oder der Freude des anderen auch das äußere Zeichen folgen: Ich umarme z.B. jemanden oder mache ihm ein Kreuzzeichen auf die Stirn.

Auch die Stunden bei meinem Therapeuten sind in einer Weise »intim«. In seiner Gegenwart kann ich mich unbesorgt öffnen. Ich habe keine Angst, mich meinen dunklen Seiten zu nähern, Verletzungen anzusehen, ohne Zensur meine Träume und Sehnsüchte zu äußern und ebenso in meine Lebensrealität einzuordnen wie Mißerfolge und Enttäuschungen oder die Erfahrung, daß ich jetzt zunehmend am Leben teilhaben kann und es mit wachsendem Realismus wieder riskiere.

In meiner Freizeit beschäftige ich mich manchmal mit Tanzen oder Malen. Beides bringt mich meinen Gefühlen näher und hilft mir, ganz bei mir zu sein. Wenn ich mit meinem Körper ausdrücke, was die Musik in Bewegung gebracht hat, weiß ich mich von Gott angerührt, bin in Einklang mit meiner eigenen Lebensmelodie. Auch im Alltag versuche ich, meinen Rhythmus immer mehr zu finden und meinen Bedürfnissen anzupassen, soweit dies in einer Gemeinschaft möglich ist. Ich sorge für Erlebnisse, die mich offener und wesentlicher machen, mache lange Spaziergänge, Radtouren, pflege Pflanzen ...

Es gibt Gottesdienste, die mich ganz tief berühren, in denen ich mich selbst vergesse, die mein Herz friedlich machen und es wärmen. Aber ich sehe auch klar, daß mir »Gott allein« offenbar jetzt noch nicht genügt, daß ich meine Sehnsucht nach menschlicher Wärme, nach Zuneigung und tiefen Begegnungen ernst nehmen muß. Ich muß lernen, noch mehr in mir selbst zu Hause zu sein, meine eigene Mitte finden. Der Verzicht auf einen Partner und auf eine eigene Familie bleibt und tut weh. Was ebenfalls bleibt, ist die Suche nach einer kleineren und offeneren Gemeinschaft, in der weniger Angst herrscht, einander »nahezutreten«.

Ein gefährliches Spiel mit dem Feuer

Wenn ich als Ordensschwester über eine wichtige intime Beziehung schreibe, die für mich die Frage nach dem Sinn der keuschen Ehelosigkeit stark gefordert hat, so wird mir das sicher nur fragmenthaft und aus meiner Sicht gelingen. Aber diese Beziehung ist zu einem bedeutenden Teil meiner Haggadah, meiner Geschichte mit diesem ganz persönlichen Gott geworden. Sie gehört zu meinem Weg, zu einer Art »Neu-Mensch-Werdung«.
Ich lebte damals gerade außerhalb meiner Kommunität und arbeitete z.T. mit einem Bruder des dortigen Männerklosters zusammen. Obwohl wir uns anfangs eher gleichgültig waren, wurde er im Laufe der Zeit zu einem geduldigen Zuhörer und Gesprächspartner, besonders als beruflich große Probleme und Belastungen auftraten. Zwei Wochen vor meiner Versetzung an eine neue Stelle folgte einem intensiven Gespräch nach der geschwisterlichen Umarmung ein langer Kuß. Und am nächsten Tag das gegenseitige Eingeständnis der Verliebtheit.
Unser Gesprächsstoff änderte sich, die Unterhaltungen waren mehr persönlicher als beruflicher Natur; als eher introvertierter Typ ermunterte mich seine Offenheit und sein Vorschuß an Vertrauen, mehr aus mir herauszugehen und über die Dinge zu reden, die uns gerade bewegten. Es tat gut, gemeinsam über unseren Glauben, die je eigene Gotteserfahrung und -beziehung zu sprechen. Zärtlichkeiten blieben nicht aus – und ich stellte mit Erschrecken fest, wie verkrampft und phantasielos bzw. auch passiv ich in dieser Richtung geworden war. Ich sehe es als Geschenk an, in einer Zeit, in der ich mich beruflich hart durchsetzen mußte und meine weibliche Seite viel zu kurz kam, daß ich mich in diesen Momenten einfach fallen lassen durfte, loslassen und wieder ganz Frau im eigentlichen Sinn sein konnte. Und es gab mir, d.h. uns eine große Sicherheit, zu wissen, daß wir uns in unserer Berufung nicht irritieren wollten, daß jeder die Berufung des anderen achtete und wir mit Freude Bruder und Schwester waren. Wir waren uns beide bewußt, daß unsere Gefühle bzw. die Aussprache darüber auch ein hohes Maß an Verantwortung füreinander enthielt, so daß mit dem vorsichtigen Herantasten an die Intimsphäre des anderen das Vertrauen immer mehr wuchs.
Der Abschied verlief herzlich und relativ schmerzlos; und es war ein großer Irrtum meinerseits, daß ich die Intimität unserer Be-

ziehung so weit verharmlost hatte, daß ich sie anfangs als der Vergangenheit angehörend belassen wollte. Vieles war noch unausgesprochen (obwohl wir sehr viel und ehrlich miteinander geredet hatten) und ungeklärt, vor allem was die momentanen Gefühle anging, und durch den anfänglichen Briefverkehr ergaben sich durch mißglückte Wortwahl unzählige Mißverständnisse. Es sollte wohl so sein, daß mir kurz darauf ein eigenes Telefon (ohne Rechenschaft) zur Verfügung stand, so daß wir hin und wieder ausgiebig telefonieren und die falsch verstandenen Briefe klären konnten. Außerdem fehlten mir die Zärtlichkeiten sehr, und es tat gut, daß ich mit ihm darüber reden konnte, da in der neuen Kommunität niemand war, mit dem ich mich darüber hätte austauschen können.

Durch die Entfernung idealisierte sich mein Bild von unserer Beziehung, und ich mußte feststellen, daß ich es theoretisch bei einem erneuten Zusammentreffen nicht nur beim Austausch von Zärtlichkeiten hätte belassen wollen. Daß wir frei über unser Verlangen und unsere diversen Sehnsüchte sprechen konnten, nahm dieser eigenen Situation sehr viel an Spannung und ließ sich dadurch sicher leichter ertragen. Da der Bruder trotz allem die konsequente Einstellung eines »Nein« zur genitalen Sexualität hatte, stand ich mit meiner Frage nach dem »Warum nicht einmal« und »Wozu verpflichtet es schon (im Zeitalter der Pille)« ganz alleine da. Meine neuen Bedürfnisse standen konträr zu den vielen Abhandlungen und Büchern, die ich gelesen hatte und meine theoretischen Erklärungen zu dem Sinn der ehelosen Keuschheit kamen mir plötzlich hohl und geradezu lächerlich vor. Eine Neudefinition meiner Gelübde tat dringend not.

Bis dahin war dieses Gelübde noch nie ein größeres Problem gewesen, da meine Umwelt diesen »Status« respektierte und er manchen Bekannten vielleicht so etwas wie »Sicherheit« schaffte: Über ein mit mir befreundetes Ehepaar erfuhr ich, daß ich die einzige Frau war, mit der sie ihren Mann ohne weiteres eifersuchtslos alleine ließ. Und umgekehrt fühlte sich ihr Mann in meiner Gegenwart wohl, weil er einmal nicht den »starken Mann« spielen mußte. So waren für uns sehr tiefe und ernste Gespräche möglich. Das ist sicher nur eine kleine Episode, was uns Ehelosen an Vertrauen geschenkt wird, aber trotzdem bedenkenswert.

Insgesamt jedoch drohte wohl vor dieser Freundschaft, meine Lebensform in eine Vergeistlichung abzudriften, so daß es für mich höchste Zeit war, von dieser abgehobenen Stufe auf den menschlich-irdischen Boden zurückzukehren.

Auf einer Tagung trafen wir uns nach mehreren Monaten wieder, und man kann es entweder als anormal oder heroisch bezeichnen, daß wir miteinander im Bett lagen, ohne Verkehr zu haben. Wir überschütteten uns mit Zärtlichkeiten und sprachen immer wieder darüber, wie es uns eben gerade ging, was uns gut tat und was zuviel wäre, weil es uns zu sehr erregt hätte. Petting o.ä. wollten wir nicht, das wäre in diesem Moment eine zu billige Ersatzbefriedigung gewesen. Wir konnten es gar nicht glauben, daß wir auch so miteinander umgehen konnten und empfanden diese Intimität stärker und vertrauter, als wenn wir miteinander Verkehr gehabt hätten. Wiederum erfolgte ein kurzer Abschied, und ich hatte Angst vor dem Loch der Einsamkeit und der Sehnsucht nach den Zärtlichkeiten.
Und es sollte wohl so sein, daß ich mich bereits lange Zeit vorher für eine Heilfastenwoche, im Anschluß an diese Tagung, gemeldet hatte. Wenn ich daran zurückdenke, muß ich schmunzeln, da ich den Altväterspruch, daß man mit Fasten die Leidenschaften (Dämonen) zügeln könne, immer ein wenig belächelt hatte. Ich hatte nie daran geglaubt, aber diesmal durfte ich die positive Wirkung des Fastens noch von dieser neuen, für mich aktuellen Seite her erfahren: Ich war überrascht, daß ich nicht einfach von meinen Gefühlen überschwemmt wurde, sondern ganz klar und dankbar auf diese gemeinsame Zeit zurückblicken konnte. Dieser Zustand hielt auch noch während der Aufbauzeit und dem normalen Alltag an, so daß mein Körper insgesamt genügend Regenerationszeit hatte, sich auf eine streichelarme Zeit umzustellen.
Während des Fastens telefonierten wir ein paarmal miteinander, und es war gut zu wissen, daß es uns beiden nach dieser unerwarteten Begegnung gut ging.
Diese Begegnung hatte so etwas wie einen Höhepunkt in unserer Beziehung geschaffen und über den vorsichtigen Umgang miteinander den unausgesprochenen Sehnsüchten und Phantasien die ungute Spannung genommen. Was wir praktiziert hatten, war ein gefährliches Spiel mit dem Feuer gewesen, eine Gratwanderung, die nur möglich gewesen war durch die offene und ehrliche Kommunikation miteinander. Ohne dieses Risiko hätten wir diese absolute Nähe sicher nicht erfahren.
Wenn ich im Nachhinein auf diese Zeit schaue (wir sind nach wie vor in losem Kontakt miteinander und teilen uns mit, was wir nicht mit jedem teilen), so kann ich das nur mit großer Dankbarkeit. Ich sehe dahinter die »Idee« meines Gottes, daß es mir immer gut gehen soll, daß ich in jedem Moment meines Le-

bens das zum Leben erhalte, was ich eben gerade brauche (vor allem, wenn ich gar nicht weiß, was mir gerade fehlt).
Da es ausgerechnet ein Bruder war, mit dem mich diese Freundschaft verband, trug sicher in doppelter Weise dazu bei, daß ich einerseits mit ihm so liebevoll und vertraulich umgehen konnte und andererseits Gott immer der »Dritte« in unserer Zweisamkeit war. Wir nahmen uns gegenseitig im Gebet in die Gottesdienste und Tagzeiten mit hinein, was uns letzlich noch stärker verband.
Dazu gehört auch die Phase einer großen Aggression, die ich mir und diesem Gott gegenüber empfand, da ich IHM gegenüber noch nie diese Sehnsucht in mir verspürt hatte, so wie sie teilweise nach diesem Bruder in mir brannte. Das entsprach nicht meinen Vorstellungen, wie man/frau sie als mystischer Zeitgenosse empfinden sollte. Und wie heilsam war es für mich, weil der vergeistlichte Theoretiker in mir wieder auf den Boden der Tatsachen gestellt wurde: daß uns letzlich die Menschenliebe wieder zur Gottesliebe führt.
Letzlich bleibt für mich nach wie vor die Frage nach der »immerwährenden« keuschen Ehelosigkeit offen; dieses eine Mal waren wir beide Christen, die nach den evangelischen Räten lebten, aber wie wird u. U. eine neue, gute Beziehung verlaufen, in der der Partner »frei« lebt und andere Forderungen stellt? Die hormonelle Umstellung zur Zeit des Eisprungs spielt in diesem Zusammenhang der »Verwirrung der Gefühle« eine nicht unwesentliche Rolle.
Momentan kann ich meine persönliche Frage nach dem Sinn dieser Lebensform nur so begründen, daß ER mir tatsächlich bis zum Letzten alles wert ist und daß das auf diese Weise zum Zeichen für andere wird, daß es sich für IHN alles aufzugeben lohnt. Und warum soll nicht in Zukunft ein kräftiger Windstoß durch die Haare oder auf der Haut die Erinnerung an reiche Stunden wecken, als Lust am Leben und an der Schöpfung? Schon einige Male hat mir die Erinnerung an diese Zeit der intensiven Freundschaft wieder neue Hoffnung gegeben – ähnlich der Pessach-Nacht, wenn die Taten dieses Gottes aufgezählt werden und neue Kraft und Hoffnung schenken, daß dieser Gott mitgeht, dabei ist, ganz nahe, ganz persönlich.

3. KAPITEL

FREUNDSCHAFT ALS MENSCHWERDUNG

Freundschaft als Menschwerdung und Ganzwerdung

Gott macht die Freude;
Gott bringt den Freund zum Freund.
Platon

Es gibt einige Freundschaften,
die im Himmel beschlossen sind
und auf Erden vollzogen werden.
Matthias Claudius

Eine Ordensfrau schreibt:

Wie wahr diese Worte sind, durfte ich in meinem Leben erfahren. Gott schickte mir einen wunderbaren Menschen auf meinem Weg, zu der Zeit, als mir das Leben schwer und erdrückend war. Gott schaute selber nach mir aus – so empfand ich damals; er sieht mich, wie er Hagar in der Wüste sah. Er weiß, wen und was wir brauchen, um zu leben. Bei der ersten Begegnung spürte ich, daß uns etwas Wesentliches verband, daß wir im Innern eine gemeinsame Sehnsucht hegten. Nach den ersten Gesprächen wurde offenkundig: Es war die Sehnsucht nach Gott, die Sehnsuch in seiner Gegenwart zu leben.
Allen Menschen gegenüber zunächst mißtrauisch, konnte ich diesem mir zugewandten Menschen – der erste, der mir wirklich zuhörte – vertrauen. Immer, wenn wir beisammen waren, beteten wir gemeinsam, und ein langgehegter Wunsch von uns beiden, mit einem Menschen zu beten, mit ihm über die Beziehung zu Gott, mit dem, was uns bewegte, sprechen zu können, ging in Erfüllung. Im Kloster selbst ist das nicht möglich, und unter Priestern ist solch ein Geschenk auch eher selten.
Wir suchten nach Möglichkeiten, uns zu treffen. Wir beteten jedesmal, bezeichneten uns mit dem Zeichen des Kreuzes und baten Gott, zwischen uns zu sein. Ein wichtiges Merkmal unserer Freundschaft ist die Bindung an Gott. Das Schöne und Wunderbare in unserer geistlichen Freundschaft ist, daß wir alles miteinander teilen und über alles miteinander sprechen können. Kein Thema ist tabu: Gefühle, Gedanken, die uns bewegen, und Sehnsüchte, die aufkommen, werden voreinander und vor Gott

ausgesprochen. Auch Unklarheiten im Umgang miteinander, wie Mißverständnisse, werden an- und ausgesprochen. Es gibt so manche Auseinandersetzung, bei der wir uns nicht buchstäblich »aus-einander-setzen«, sondern uns näher kommen, uns besser verstehen. Dann ist der Heilige Geist, zu dem wir täglich beten – der eine für den anderen – führend und heilend anwesend. Er ist zwischen uns, und dies sind dann unsere schönsten und tiefsten Begegnungen, von denen wir leben und auf die hin wir leben.
Ein besonderes Geschenk ist das gemeinsame Beten und Meditieren. Wir erleben, daß da Gott mittendrin, zwischen uns ist. Wie vertrauensvoll, innig, zärtlich und tief, welche ganzheitliche Intitmität wir leben dürfen, wie wir Freundschaft erfahren dürfen – das mögen im folgenden einige Auszüge aus Briefen bezeugen.

Wachstum und Lebendigkeit in der Freundschaft

Er schrieb:

»Außerdem möchte ich Dich ja teilhaben lassen an meinem Leben. Es ist, wenn auch nicht immer ganz einfach, bewegt – nicht zuletzt auch durch Dich und Gott. Und das ist gut so. – Ich freue mich darüber ..., daß ich leben darf mit Dir, daß Du bist und daß Du mein Leben mit bewegst, daß Du mich auch in Bewegung hältst und mich trägst, wenn ich mal nicht weiter kann, daß Du das Leben mit mir aushältst. ... Ich bin dankbar dafür. Du machst mich reicher und lebendiger. Danke!«
»Ich spüre nicht nur, wie sehr Du mich liebst, daß Dein Herz mein Dasein braucht – mein Herz, so daß Herz an Herz liegt, was für beide – also auch für mich – soviel Wärme bedeutet und mit sich bringt, sondern ich spüre auch, daß wir auf eine so tiefe Weise, nämlich im Herrn verbunden sind. ... Es zeigt mir, wie tief unsere Beziehung gewachsen ist, was mir aber keineswegs Angst macht, sondern eher freut. Mich bewegt es in einer Weise der Dankbarkeit. Ich weiß zwar noch nicht, warum uns der Herr hat begegnen lassen, aber ich bin ihm dankbar, daß ich Dir begegnen durfte und darf. ... Eigentlich hast Du recht, ... Du bist in mein Leben getreten und ich in das Deinige; und ich fühle mich reich beschenkt durch Deine Zuneigung und – wenn ich so sagen darf – durch Deine Liebe zu mir. ...«

Verbindlichkeit in der Freundschaft

So schrieb ich ihm eines Tages:

»... ich möchte mit Dir eins sein, eins werden, ›denn sie sollen eins sein, wie wir eins sind, ich in ihnen, du in mir‹ (Joh 17,22). Dein Leben ist auch mein Leben, Dein Schmerz ist auch mein Schmerz, Deine Freude auch meine Freude. ... Jemand, Gott, hat uns geführt, und ich wünsche mir, daß wir unser Leben miteinander teilen wie das tägliche Brot, daß wir miteinander leben.«

Er antwortete:

»Ich danke Dir für die tiefe Verbundenheit mit mir. Ich fühle mich dadurch reich beschenkt. Dieses untereinander Eins-sein und -Werden ist das Thema der Evangelien am Sonntag. Daß diese Einheit nicht im Sinne einer Partnerschaft zu verstehen ist, sondern von Christus her, dürfte für uns selbstverständliche Grundlage unserer Beziehung sein. Ich glaube, im geschwisterlichen Miteinander vor dem Herrn könnten wir manches miteinander austauschen und voneinander lernen. Ich würde Dir gern noch so manches von mir erzählen, mitteilen und vor allen Dingen auch mit Dir zusammen meditieren und beten.«

Religiöse Dimension in der Freundschaft

Nach einer Begegnung schrieb er mir:

»Ich war froh, als mein Besuch wieder weg war. ... Ganz anders erging es mir, als Du vorgestern nach der gemeinsamen Zeit gingst. Ich fühlte ein Gemisch von Dankbarkeit und Traurigkeit; tiefen, erfüllenden Dank für die gemeinsamen Stunden, die wir miteinander haben erleben dürfen – zudem in dieser Weise, dann aber auch ein wenig Trauer darüber, daß die Zeit, auf die wir uns in den Tagen zuvor noch so riesig, fast wie Kinder, gefreut haben, nun doch schon verflossen war. Und ich wußte/wir wissen, daß uns solche Zeiten rar bleiben werden. ... Wie ich dir schon einmal sagte, hat es in solchen Begegnungen wie mit Dir seine eigene Bewandtnis. ... ihre Kostbarkeit liegt in der Qualität der Begegnung, in der Tatsache, daß sich zwei liebende Menschen, die sich gegenseitig nicht als Belastung, sondern als Geschenk erfahren, in tiefem Vertrauen begegnen. Darüber hinaus liegt die Werthaftigkeit unserer Begegnung und Beziehung für mich – und so glaube ich auch für Dich – gerade im Religiösen, daß Gott immer wieder in unserer Freundschaft ist. Nur dadurch ist dies alles möglich und so wertvoll. ... Es kommt mir so vor, als sei unsere Freundschaft bereits ein entfaltetes Gewächs, ein Blumenstrauß in fast voller Blüte. Jedenfalls, ich verspüre die Kraft und die Lebendigkeit – im Sinne auch von Dynamik – unserer Beziehung, die – mir jedenfalls – einfach gut tut. ... Ich weiß nur, daß mein Leben ohne Dich ein Stück ärmer wäre. Daß Du da bist, daß es Dich gibt, ist einfach ein Stück Reichtum für mich. ... Wenn ich zu Dir komme und mit Dir bete, komme ich irgendwie ›nach Hause‹, trete mit Dir vor den Herrn und pflege den vertrauten Umgang. ... Was soll ich Dir nun noch zur Beschreibung und Bestimmung von geistlicher Freundschaft schreiben? Ich denke, im Grunde genommen weißt Du, was sie ist – weil Du sie lebst und leben kannst. Und daß Du sie mit mir lebst und alles in ihr mit mir teilst, dafür danke ich Dir aufs herzlichste. Auch ich lebe und wachse mit Dir, durch Dich.«

Vertrauen in der Freundschaft

Auf einen vertrauensvollen Brief antwortete er:

»Und genausogut glaube ich, daß es kein Zufall ist, daß wir uns begegneten, daß mit uns und in uns zwei Herzen zusammenkamen – voller Sehnsucht, voller Liebe (-bedürftigkeit und -fähigkeit sowie Bereitschaft zur Hingabe) und voll tiefer Gläubigkeit –, die Gott suchen und in aller wesensgemäßen Strebung ihn finden und erreichen wollen. Als ich Deine Zeilen las, kamen Glücksgefühle, tiefe Gefühle des Bewegtseins, des fundamentalen Angesprochenseins, der existentiellen Betroffenheit, sowie Bilder in mir auf. Ich spüre, hier bin ich ganz gemeint und erkannt; hier ist ein Mensch bereit – und lädt mich dazu ein –, eine tiefe Grundmelodie meines Lebens mit mir zu singen, und ist auch seine Melodie; wir können zusammen singen, weil wir die gleiche Melodie, die gleiche Sehnsucht mit gleicher Zielsetzung haben. Alles wurde/wird Einklang: Ich bin von Gott – wie Du schreibst – Dir in die Hand gelegt, und Gott hat Dich mir anvertraut; du darfst Dich bei mir bergen, bist geborgen, gut aufgehoben in Liebe und Erkenntnis, und ich darf mich in großem Vertrauen bei Dir bergen, wissend, daß Du es stets gut mit mir meinen wirst; ich darf Dir mein Wesen anvertrauen, mit allem, was dazugehört ... nichts braucht da verborgen bleiben –, und Du darfst – ja, vertraust mir Dein Wesen an mit allem, was zu Dir

gehört, Dir ist mein Wesen, meine Berufung wichtig und heilig, und mir ist Dein Wesen und Deine Berufung wichtig und heilig. Es ist Dein und mein Wille, uns einander zu Gott zu führen und bei Ihm ankommen zu lassen.
Dabei hatte ich Dich nur hineingelassen in das »Haus«, das ich selber bin, wollte Dir ein wenig Einblick gewähren hinter die Fassade – und nicht nur in die gute Stube oder das Vorzeigezimmer, wollte Dir nur sagen, daß es auch in meinem Leben Rumpelkammern gibt, in denen nicht alles gradlinig und ordentlich ist, daß es auch in meinem Leben Schleifen und z. T. auch Sackgassen gibt/gegeben hat. Daß dann alles plötzlich so sehr mit Dir mitgeht, Dich so sehr ›trifft‹, damit hatte ich nicht gerechnet. Ein so tiefes – buchstäbliches – »Mitleiden« ist mir noch nicht begegnet, war oder ist für mich neu.«

Freiheit in der Freundschaft

Er hatte mir ein Traumbild erzählt und schrieb dann dazu:

»Doch nun zurück zu unserer Beziehung, zu unserer Freundschaft. Mir kam im Zusammenhang mit dem Traumbild die Frage: Warum eigentlich das Material wollen? Abgesehen davon, daß sie warm und weich ist, kam mir die Antwort: Weil ich mich von Dir nicht ›umgarnt‹ fühle oder wie ›um einen Finger gewickelt‹, sondern mich durchaus vor Dir frei fühle. Und unsere Beziehung ist keine künstliche, besteht nicht aus Kunstfasern, sondern ist auch eine höchst natürliche – wenngleich sie auch nach außen hin ein wenig künstlich verborgen bleiben muß. Aber dies tut mir ja selbst manchmal weh, nicht wahr? ...«

Freundschaft als Geschenk

Weiter schrieb er:

»... wenn Du zu mir kommst, Du auf mich zukommst, mögest Du mich antreffen in meinem ›Haus‹, dessen Türen Dir offen stehen. Doch wenn Du Dich bei mir einfindest, sollen Dich nicht nur Räume empfangen, sondern ich selbst, meine Seele; mein Herz, mein Wesen und ureigenstes Sein mögen Dich stets empfangen, Dir entgegenkommen. Und dann können wir in einen der Räume gehen, der gerade angesagt ist, in dem Du und wir uns

wohlfühlen: im Raum des Gebetes, im Raum der Ruhe und Stille, des einfachen Daseins, im Raum des Gespräches, im Raum der Zärtlichkeit, im Raum des Tanzes. Ich hoffe, daß mein ›Haus‹ groß genug ist, daß Du darin Weite zum Leben findest, daß Du Dich selbst bei mir und mit mir wie ›Zuhause‹ fühlen kannst.
Wenn wir uns begegnen, freue ich mich ein jedes Mal, ja, Du bist mir Anlaß zur Freude. Ich fühle mich dann reich beschenkt durch Dich. Du bringst so viel mit – vor allem Dich selbst. Du schenkst mir Dein Vertrauen, ja, so gut wie grenzenloses Vertrauen; Du schenkst mir eine tiefe persönliche Gebetsgemeinschaft, ein Fragen, ein Suchen, ein Trachten nach Gott, wie ich es bisher nicht kannte. Du schenkst mir Zuspruch, der aufbaut und mich leben läßt, mich ermutigt, an und über meine eigenen Grenzen zu wachsen. Du schenkst mir Zärtlichkeit, die nicht besitzen will, sondern einfach gut tut und Ausdruck Deiner Nähe zu mir und Deines Mitgefühls mit mir ist. All das ist Ausdruck Deiner Liebe und Zuneigung, Deiner Bejahung und Annahme meiner, welche ich brauche wie die Luft zum Atmen. Für all das danke ich Dir.«

Erforderliche Reife

Nach mehreren Begegnungen erreichten mich seine Worte:

»Ich danke Dir für Deine Reife. Denn ich glaube, nur Menschen, die ein gewisses Maß an Reife mitbringen, sind zu solcher Freundschaft fähig. Das könnte jetzt wie Selbstbeweihräucherung aussehen oder klingen; aber ich glaube, diese Art von Tiefe, wie wir sie in und für unsere Freundschaft empfinden, hat etwas mit Reife zu tun – insbesondere mit religiöser Reife ... Aber ich glaube, daß ich im Religiösen eine Reife mitbringe bzw. – richtiger – geschenkt bekommen habe, die mich befähigt, eine solche Freundschaft mit Dir zu leben. So ist das, was uns umgibt und was ich mit Dir erlebe – erleben darf –, eine Freundschaft, wie ich sie ... überhaupt noch nie in dieser Art und Tiefe erlebt habe. Ich empfinde alles geheimnisvoll. ...
Weißt Du, darin liegt auch der große Wert, die Tiefe und der ganze Reichtum unserer Freundschaft: Wir wissen beide, wem wir wirklich und letztlich gehören und daß wir beide auf dem Weg sind zu IHM.«

Zeichen der Zärtlichkeit in der zölibatären Freundschaft

Seine Antwort auf einige Fragen:

»Wenn ich nun Zärtlichkeit übe«, so in einem der Briefe, »so ist dies im letzten und tiefsten Ausdruck meiner Achtung und Ehrfurcht diesem Geschöpf gegenüber; denn es ist von Ihm gewollt. Wirklich letztlich ist meine Zärtlichkeit Ausdruck meiner Achtung und Ehrfurcht vor Gott, die mir im Du, auch an Dir begegnet ... Du könntest nun fragen: Bin ich nun gar nicht als die Person, die ich bin, gemeint? Doch! Wenn ich Dich zärtlich küsse, dann gilt jeder Kuß eigentlich im tiefsten Deiner Seele, dann ist es so, daß ich dadurch eigentlich vielmehr Deiner Seele, Dein ganzes und tief inneres Sein küssen und ehren möchte. Ob Du es glaubst oder nicht: Man kann (als Liebender) seinen inneren Blick (= Intention) lenken und schärfen, ob ich das Du – also Dich – küsse als Mensch, als der, der Du bist, oder ob der Kuß intentional mehr oder gar ausschließlich Deinem Frausein gilt. ... Wenn ich Dich küsse und liebkose, übersehe ich dabei Dein Frausein und mein Mannsein nicht, aber ich möchte Dir selbst begegnen und nicht nur einem Teilaspekt von Dir. Du bist gemeint. Ich glaube, immer dann, wenn wir – ganz gleich in welchem Bereich, ob in der Liebe, im ökonomischen Bereich, in der Medizin oder sonstwie – den Menschen auf einen Teilaspekt seiner selbst reduzieren, versündigen wir uns an ihm.
Liebe ... laß mich hier heute schließen mit dem Dank, den ich immer wieder für Dich, für Dein Sein sowie für unsere Freundschaft empfinde, mit dem Segen, den ich immer wieder für Dich bei Gott erflehe mit der Treue, Liebe und Zärtlichkeit, die mein Herz für Dich erspürt
in inniger Verbundenheit Dein ...«

Freundschaft als Mensch- und Ganzwerdung

Daß eine tiefe, innige Freundschaft den Menschen verwandelt, heilt und zum wahren Menschsein verhilft, darf ich immer wieder neu erfahren. So schrieb ich meinem Freund – und diese Worte könnte ich täglich wiederholen, weil diese Beziehung mit all ihren Zeichen der Verbundenheit Gott sei Dank nicht zur Gewohnheit geworden ist:
»..., Du mein Lieber, daß Du mir hilfst, mein eigenes Wesen zu

finden und ihm treu zu bleiben! Ich glaube, dann stehe ich ganz vor Gott. Ob auch ich Dir helfe, Dein Wesen zu finden? Ich glaube, daß es etwas in unserem Leben gibt, das nur wir tun können, daß ein Lied in uns ist, das nur wir singen können. Ach, Du mein Schatz, von Gott mir in die Hand gelegt, du hilfst mir, diese Melodie auszusingen, auszuleben. Laß uns den Reichtum finden, der in uns liegt; laß mich Deinen Reichtum sehen und finden, und sieh Du jenen Reichtum in mir, den Gott mir gegeben hat. Ich glaube, dann werden wir frei, dann haben wir Frieden, wenn wir Gott ins uns finden. Dann können wir unseren Schöpfer preisen, in Freundschaft miteinander preisen ..., Du wünschst mir so sehr, daß ich leben kann. Du hast mir zum wahren, wirklichen Leben verholfen.

Ich las einmal sehr tiefe Worte und kann sie nur sinngemäß wiedergeben: Wenn man im Leben einem Menschen begegnet, dessen Mut, Verständnis und Liebe auch das eigene Leben mit Zuversicht, Freude und Liebe erfüllt, so ist es unvermeidbar, sein Herz an diesen Menschen zu hängen, für immer und ewig. Wer einem selbst das Leben schenkte und selbst zum Leben wurde, dem will und muß man von innen her, auch von sich her das eigene Leben schenken.

In diesem wunderbaren Menschen bin ich Dir begegnet. Du hast mein Leben wertvoller, lebenswerter, froher gemacht. Ohne Dich, ohne Dein Dasein wäre ich ganz arm. Mit Freude und Liebe hast Du mein Leben erfüllt. Ich muß Dir nicht mein Leben schenken. Ich teile mein Leben gern und in ganzer Freiheit mit Dir, mit allem, was mich ausmacht, es drängt mich von innen her, es mit Dir zu teilen, mein Leben, mein ganz alltägliches Leben, und nicht zuletzt mein Leben mit Gott.

... du, ich meine Dich ganz. Du schwebst wie ein himmlischer Traum durch mein Herz, bewegst mein Denken – auf Gott hin –, rufst mich, in Deiner Schönheit – von Gott geschenkt – zu wohnen. Ich meine Dich ganz und für immer; nicht nur für kurze Zeit, nicht bis es einem von uns zu anstrengend wird. Ich meine Dich über die Zeiten hinaus. Ich meine Dich ganz mit Haut und Haaren, mit allem, was zu Dir gehört, mit Freuden und Trauer, mit Wünschen und Ängsten, mit Gaben und Fehlern. Ich meine Dich ganz, und unsere Freundschaft zeigt uns den Weg zu der Stadt auf dem Berge. Die Liebe ist wie ein Fluß, wie ein großer Strom, der durch unsere Seelen fließt, tief und spürbar. Wir glauben aneinander, wir vertrauen einander, wir wissen umeinander. Wir ruhen in diesem Strom, lassen uns von ihm tragen und ahnen das Meer, auf das er zufließt.«

Ein andermal schrieb ich:

»Ich glaube, daß die Wurzeln unserer Freundschaft gleich einem Weinstock mehrere Meter tief in den Erdboden reichen und die Wurzeln genügend Wasser bekommen auch bei der größten Trockenheit. Ich darf bei Dir eintreten, darf eintreten. Die Tür steht offen, ich werde erwartet, und es gibt nichts, was Du vor mir verbirgst. Keine Tür bleibt verschlossen. Ich darf in Dein Innerstes eintreten. Du bist mir zur Wohnung geworden. Dort darf ich tiefe Wurzeln schlagen, dort bei Dir eine Bleibe finden. Bei Dir fühle ich mich heimisch, finde ich Halt und Standfestigkeit, unser Innerstes ist zu einer Wohnung geworden. Menschliche Nähe dürfen wir dort erfahren. Das Haus, die Wohnung, jedes einzelne Zimmer lebt von uns, von unserer Beziehung, von unserer Liebe. Wärme, herzliche Zuwendung und liebende Fürsorge machen das Haus so anziehend und wohnlich.«

Er antwortete:

»Ja, ich empfinde wie Du, ... ich könnte mit keine zweite oder gar dritte Freundschaft solcher Art, wie mit Dir, mit einem anderen Menschen vorstellen. Wir stimmen in menschlichen und göttlichen Dingen überein. Auch ich erlebe dies so für mich, und danke Gott, daß es einen Menschen wie Dich ... gibt, mit dem ich solche Harmonie empfinde und leben kann – ja, leben darf! Du bleibst und bist für mich ein wunderbares Geschenk Gottes.«

Wie läßt sich Freundschaft leben?

Es gehört ja zur Freundschaft – je tiefer und lebendiger sie ist, um so mehr –, daß man sich viel Zeit füreinander nimmt, daß man da ist füreinander, einander zuhört, intensiv Anteil nimmt an den Gedanken, Hoffnungen, Enttäuschungen, Ängsten und Freuden des anderen. Jede tiefe Beziehung, jede Liebe, auch die freundschaftliche, ist von dem Wissen getragen, daß ich/wir bei dem je anderen geborgen, bei ihm »zuhause«, »bei ihm drin« bin/sind, und immer eine offene Tür vorfinden.
Allerdings gibt es da auch Probleme: »Der Priester fühlt sich überlastet, hetzt von einem Termin zum anderen. Wann soll er sich Zeit nehmen, die Freundschaft zu pflegen? Ich selbst beanspruche – im Sinne einer Forderung, eines unbedingten Muß – nicht die kostbare Zeit des Freundes. Mir genügt es, wenn ich einfach da sein darf, mit ihm beten und Mahl halten kann. Im

übrigen geht jeder im Alltag seiner Beschäftigung, seiner Arbeit nach. Und ich habe nicht das Gefühl, vernachlässigt zu werden. Andererseits ist es wichtig – auch gerade für einen Priester – sich Zeit für die Freundschaft zu nehmen. Diese Zeit ist keineswegs verlorene Zeit, sie kann rettende und heilende Zeit sein, die ihn, den Priester, wieder stärkt und aufrichtet, sich hoffnungsvoll den Anforderungen und Erwartungen, die an ihn herangetragen werden, zu stellen. Dazu ist Gelassenheit und Einsicht vonnöten und nicht zuletzt die Erleuchtung des Heiligen Geistes.

Meine Beziehung zu Sr. Paula

Eine Ordensfrau berichtet:

»Kommst Du mit mir spazieren?« So sprach mich ein junger Herr im Stiegenhaus an. Ich war angenehm überrascht. Ich kannte ihn erst seit ungefähr einer Woche oder etwas länger. Seit dem ersten flüchtigen Bekanntwerden interessierte er mich. »Ja, gerne«, antwortete ich. Es war Winter – ein sonniger Tag, die Wege gefroren und zum Teil eisig. Anfangs gingen wir still nebeneinander. Dann begann Franz, so hieß er nämlich, etwas von sich zu erzählen, schlicht und bescheiden. Ich hörte interessiert zu. Manches berührte mich tief. Ich erzählte ihm von mir. Vertrauen und Verstehen waren da. Wir konnten immer offener darüber sprechen, was uns bewegte. Die Zeit verging, ohne sie zu spüren. Mit Wärme im Herzen und frohen Sinnes sind wir zurückgekehrt.

Von nun an gingen wir öfters gemeinsam spazieren. Jedesmal waren es Begegnungen besonders wohltuender Art. Es wuchs eine uns eigene Intimität. Was ich wohltuend empfand, war das Verstandensein und sein feinfühlendes Verhalten. – Neckereien waren nicht nur unterhaltend, sie schafften auch Nähe. Vor allem schätzte ich die innere Freiheit in unserer Beziehung. Das war eine Erfahrung, ein Schatz, den ich fortan zu hüten versuchte. Denn Jahre vorher erlebte ich das Gegenteil in einer Beziehung.

Da hatte ich mich in eine Mitschwester verliebt. Schon bevor ich sie besser kannte, war sie mir sympathisch. Mir fielen ihre männlichen Züge auf. Ob mich das faszinierte?

Bei einem Wiedersehen und Besuch auf meinem Zimmer geschah dann eine Berührung, die mich erschütterte. Wir umarmten uns. Sie drückte mich fest an sich Bauch an Bauch, Schambein an Schambein. Wellen der Erregung stiegen in mir auf. In diesem starken Gefühl ließ ich mich fallen. Wir fielen beide auf mein Bett und ergaben uns. Als ich wieder zu Vernunft kam, war ich stark betroffen.

Ich begleitete Paula ein Stück nach Hause. Wir machten einen Umweg, um Zeit zu gewinnen für ein Gespräch über das gerade Vorgefallene. Ich war erschrocken und zugleich fasziniert, aufgewühlt und in Zwiespalt. Ich wußte, daß ich das nicht mehr tun darf, und doch war ich nicht entschieden genug, um es nicht

mehr zu wollen. Es ist etwas geweckt worden, das in mir schlief. Die Sympathie für Paula schlug in etwas Stärkeres um.
Nach dem Abschied setzte ich mich auf eine etwas versteckte Bank im Garten. Ich wollte zur Ruhe kommen. Es gelang nicht. Dann ging ich schlafen. Auch das gelang nicht.
Einige Zeit später fügte es sich, daß wir wegen einer Veranstaltung der großen Schwesterngemeinschaft für eine Woche Tür an Tür wohnten. Paula meinte: Um den Zauber zu brechen, lassen wir uns einmal ein. Sie meinte es ernst. Doch die Rechnung ging nicht auf. Sie besuchte mich jede Nacht. Wenn ich vermutete, daß sie nicht kommen kann, ließ ich sie wissen, daß ich auf sie warte.
Ich bin schwach geworden, sagte ich öfters. Gemeint war meine Einstellung zur Sexualität. Sie ist in sich zusammengesunken. Ich sagte mir nämlich, daß das nichts für mich sei, daß das bei mir nicht sein darf. Ich habe als Schwester darauf verzichtet. Nun war der ignorierte, zurückgedrängte, der versteckt gehaltene Trieb da. Er war stärker als die Vernunft und der Wille. Ich empfand es als etwas von mir, etwas Neues, Schönes.
In dieser Zeit sagte ich einmal in der Beichte kurz etwas über meine intime Beziehung zu einer Mitschwester. Der Beichtvater muß mich richtig verstanden haben, denn er setzte mir zu und wollte mich zwingen, es als Sünde zu bekennen. Ich empfand es nicht so und habe es auch nicht als Sünde bekannt. Danach war er, ein Ordenspriester in mittleren Jahren, noch fast zwei Jahre lang mein Beichtvater. Ich habe nie mehr etwas von diesem Thema erwähnt, obwohl ich es nötig gehabt hätte.
Anderswo fand ich Verständnis. Bald meldete sich die innere Stimme: Das darfst du nicht! Das gehört sich nicht als Schwester! Ich versuchte diese Stimme zu beschwichtigen und zu überstimmen. Im Lesen suchte ich Bestätigung. Da stieß ich auch auf das Buch »Intimität« von Wunibald Müller. Damals wußte ich noch nichts von ihm. Ich fand Orientierung. Aber einsehen und in die Wirklichkeit umsetzen waren zu jener Zeit zwei verschiedene Dinge.
Ja, ich hatte meine Orientierung verloren. Ich fragte mich manchmal, wohin mich dieser Weg wohl führen werde. In solchen Momenten tauchten die Worte Jesu auf: »Fürchte dich nicht! Ich bin bei dir. Ich gehe mit dir. Dann war ich getröstet wie ein Kind. Mein Verhältnis zu Gott ist das des Vertrauens (Kind, Tochter Gottes). ER läßt mich nicht im Stich. Daß ER meine verläßlichste Bezugsperson ist, habe ich einige Male erfahren.

Mit Sr. Paula war ich durch einen regen Briefwechsel verbunden. Anfangs vermutete sie eine Krise bei mir. So dramatisch,wie sie befürchtete, fiel sie aber nicht aus. Irgendwie habe ich es als menschlich hingenommen. Dagegen fing mein Glaubensgebäude an zu wackeln. Ich fing an zu denken. Manche Themen waren besonders stark da, wie z. B. die Relativität mancher Werte, Mensch, Leben, Liebe, Weg, Wahrheit. Ich sah in manchen kirchlichen Praktiken (gesetzgebende und gesetzbewahrende Einrichtung) einen Widerspruch zum Geist Jesu Christi. Ich wurde kritisch.
Sr. Paula wurde in meinen Konvent versetzt. Ich freute mich und ängstigte mich zugleich. Wie wird das so nahe gehen?
Eine Zeitlang hatten wir eine gute Beziehung. Wir nahmen uns Zeit füreinander, für Zärtlichkeiten, Gespräche und einfach nur für das Beisammensein.
Irgendwann spürte ich eine Veränderung in Sr. Paula. Sie zog sich innerlich zurück. Sie wurde trocken im Umgang mit mir. – Mir fing es an zu dämmern. Ich wartete einen bestimmten Augenblick ab und ging dann klopfenden Herzens zu ihr. Ich bat sie um Antwort auf alle meine Fragen. Sie beantwortete alle. Blaß und schwer setzte sie sich dann. Ich verließ fluchtartig und geschlagen ihr Zimmer. Nun wußte ich es. Sie hatte eine andere, neue Geliebte. Es ist eine Mitschwester eines anderen Konventes.
Das war für mich ein neuer Schock. Ich fühlte mich zurückgestoßen, verletzt, verlassen, nicht mehr geliebt. Ich schämte mich. Und ich erlebte Ohnmacht, weil ich Liebe nicht fordern kann. Ich weinte Sturzbäche.
Nun begann für mich ein Leidensweg. Mit jener Schwester, meiner Rivalin, hatte ich öfters zu tun. Wir wußten voneinander. Ab und zu kam sie Paula für ein, zwei Tage besuchen und schlief in ihrem Zimmer. Wie tat mir das weh! Eifersucht plagte mich. Wenn ich auch nur ihren Namen hörte, zuckte es in mir.
Unsere Beziehung war aufs schwerste belastet. Trotzdem konnte ich nicht loslassen. Es war ein Angezogensein und Abgestoßenwerden zugleich. Manchmal kam es mir vor wie ein Katz-und-Maus-Spiel. Die verletzte, halbtote Maus hat keine Chance zu entkommen. Auch Paula konnte nicht loslassen. Sie war mir an Bildung, physischer und psychischer Kraft überlegen. Sie ließ mich das fühlen. Ich wollte offen bleiben für sie. Um so mehr tat mir jede Abgrenzung von ihr, jedes Schweigen, jede Unfreundlichkeit ... weh. Alles tat mir weh. Mein Selbstvertrauen schrumpfte. Neue Fragen tauchten auf. Warum das? Bin ich lesbisch? Nein. Später habe ich mit einer anderen Freundin in Zärt-

lichkeit kommuniziert – ohne die wilde Kraft des sexuellen Triebes. Warum kann ich nicht loslassen, wenn ich doch möchte?
Nach einem längeren Urlaub konnte ich Abstand gewinnen. Durch einige Gespräche mit einem Psychologen erkannte ich, daß es in der Beziehung zu Sr. Paula eine Linie gibt, die bis in die Kindheit zurückgeht, besser eine Parallele zu einer Erfahrung aus der Kindheit in Beziehung zu meinem Vater. Und als ich damals vor über zwanzig Jahren mit neunzehn Jahren ins Kloster eintrat, hatte ich keine Beziehung zum anderen Geschlecht, geschweige ein erstes Verliebtsein erlebt.
Ein Austoben meiner Aggressionen – natürlich im geheimen – und in visionärer Anwesenheit meiner geliebten Paula, das Verstehen meines und ihres Verhaltens »heilten« mich. Ganz gewiß war auch SEIN (Jesu) Wirken dabei.
Die Beziehung zu Sr. Paula, von der ich hier kurz etwas erzählt habe, dauerte in Wirklichkeit ungefähr fünf Jahre. Sie hat Spuren hinterlassen. – Wenn's drauf ankommt, stehe ich zu ihr und hinter ihr. Sie tat schon gleiches für mich.
Meine Abhängigkeit von Sr. Paula ist gelöst. Ich stehe nun positiv zu meiner Sexualität. Ich weiß um meine Grenzen und respektiere sie. Die Freundschaft mit Franz und einigen Schwestern in der Gemeinschaft und eine Frau außerhalb sind Kostbarkeiten in meinem Leben. Jede Begegnung läßt teilnehmen am Leben des anderen. Gibt Wärme. Bringt etwas zum Schwingen. Sie helfen oft in mißlichster Lage, Leib, Seele und Geist in Einklang zu bringen.

Ohne diese Beziehung wäre ich nicht das, was ich bin

Ein Priester schreibt über seine Freundschaft mit einer Ordensfrau

Hätte mich in meiner Kaplanszeit jemand gefragt: Kannst du dir vorstellen, als Priester mit einer Frau befreundet zu sein? – ich hätte mit einem entschiedenen »Nein!« geantwortet. Tief in mir saßen noch die Belehrungen von Studienkollegen und nahestehenden Priestern: Wenn du einmal angefangen hast, dann geht es immer weiter. Erst sagt ihr euch, wie nett ihr euch findet, dann umarmt ihr euch, dann küßt ihr euch – und irgendwann gibt es kein Halten mehr, und ihr wollt einander ganz gehören. Am besten läßt du dich auf nichts ein. Irgendwann mußt du ja doch eine Grenze ziehen, wenn du ehelos leben willst; und je weiter du gegangen bist, desto schwerer fällt es.

Wahrscheinlich nahm ich solche Lehren deshalb so ernst, weil schon im Elternhaus der Boden dafür bereitet war: Ich kann mich an viele abwertende Äußerungen meiner Eltern über Intimität und Zärtlichkeit erinnern. Das Thema »Sexualität« wurde totgeschwiegen. Von meiner Mutter bekam ich vermittelt: Es ist nicht schön, verheiratet zu sein. Bleibe lieber ledig! Zwar hatte ich während meiner Studienzeit diese Einflüsse teilweise aufarbeiten können. Aber meine Kontakte zu Mädchen und Frauen waren über Besuche und Brieffreundschaften nie hinausgegangen.

Erst als ich schon Priester war, brachte ich es über mich, einer Frau, in die ich mich verliebt hatte, zu sagen: Ich mag dich; ich habe dich sehr lieb. Erst in dieser Begegnung lernte ich, einer Frau gegenüber Zärtlichkeit körperlich auszudrücken. Mein ganzes Lebenskonzept kam durcheinander: War es richtig, daß ich mich für den Weg der Ehelosigkeit entschieden hatte – oder hatte ich diese Wahl aus Unreife und Unerfahrenheit heraus getroffen? Es dauerte lange, bis ich zu meiner damaligen Entscheidung stehen und wieder glauben konnte: Gott hat mich auf diesen Weg gerufen, er hat mich bisher geführt und wird mir auch weiterhin in dieser meiner Lebensform alles geben, was ich brauche.

Die Freundschaft hatte keinen Bestand. Dann jedoch lernte ich eine Ordensfrau kennen. Bald war uns beiden klar: Wir sind einander sehr wichtig. Anfangs zogen sich wohl Gegensätze an: Ich spürte, daß mir gerade das fehlte, was sie verkörperte: die Freude

am Leben; der Sinn für die kleinen, schönen Dinge; der Blick für das Liebenswerte in jedem noch so seltsamen Menschen; die Fähigkeit, ganz im Hier und Jetzt zu leben. Und sie fühlte sich umgekehrt von den Seiten in mir angezogen, die in ihr noch ungelebt schlummerten: von meiner Bereitschaft, mich mit mir selber auseinanderzusetzen; meinem Mut, auch das Unangenehme in mir anzuschauen; meinem Tiefgang und meinem Sinn für die »leisen Töne«. Heute erleben wir uns nicht mehr so gegensätzlich wie am Anfang. In mir ist wohl vieles gewachsen, was ich damals an ihr bewunderte; in ihr hat sich vieles entfaltet, was sie damals an mir schätzte. Das ist eine sehr schöne Erfahrung für uns beide: Du weckst in mir – einfach durch dein Dasein und So-Sein – das, was in mir noch schläft; und ich darf dazu beitragen, daß in dir das zum Blühen kommt, was bisher noch unentfaltet verborgen lag. Ich bin überzeugt: Ohne diese Beziehung wäre ich als Priester nicht das, was ich bin. Ich würde anders predigen, anders Gottesdienst feiern und in Seelsorgsgesprächen anders reagieren. Meine Pastoral wäre ohne die Begegnung mit ihr dürrer, trockener und lebensferner. Und sie erzählt Entsprechendes von sich: daß ihr Leben im Kloster durch unsere Begegnung irgendwie tiefer und wesentlicher geworden ist.
Und eine zweite schöne Erfahrung mache ich in unserer Freundschaft: Es tut mir gut, daß mir jemand sagt und zeigt: Ich mag dich. Ich freue mich an dir. Ich finde dich schön. Ich nehme dich an – auch mit deinen dunklen Seiten. Du kannst dich auf mich verlassen. Wenn es dir schlecht geht, mache ich mir Sorgen um dich. Wenn es dir gut geht, freue ich mich mit dir. Du bist mir sehr wichtig, und unsere Beziehung ist anders als die zu meinen anderen Bekannten und Freunden. Zwischen uns ist etwas Einzigartiges und Unvergleichliches. – Und ich kann ihr umgekehrt dasselbe sagen. Daß es das gibt, daß zwei Menschen füreinander ähnlich empfinden und einander Ähnliches bedeuten, das erlebe ich als ein großes Geschenk.
Miteinander befreundet zu sein, kann aber auch mühevoll und schmerzhaft sein. In den Jahren unserer Freundschaft gab es auch manche Verletzung. Manchmal habe ich zwar ihre Zuneigung genossen und hätte sehr darunter gelitten, wenn sie sich zurückgezogen hätte – gleichzeitig habe ich ihre Zuwendung nur spärlich erwidert und viel Freiraum für mich beansprucht. Häufig war ich so mit meinen Problemen beschäftigt, daß ich für ihre Schwierigkeiten taub war. Irgendwann ging mir zu meinem Erschrecken auf, wie sehr ich von ihr erwartete, daß sie möglichst immer aufgeräumt und ausgeglichen ist, und wie schwer ich mir

tat, das Düstere und Grüblerische in ihr anzunehmen. Aber vielleicht spricht es für die Tiefe unserer Freundschaft, daß wir auch über diese Schwierigkeiten sprechen konnten – und daß unsere Beziehung auch Verletzungen ausgehalten hat.
Mancher wird fragen: Ein eheloses Leben führen und zugleich einander so sehr mögen – bedeutet das nicht eine unerträgliche Spannung? Ja, es *ist* für mich eine Spannung; aber ich staune, wie wenig sie mich bedrückt oder hinunterzieht. Für uns beide war von Anfang an klar: Unsere Freundschaft steht auf der Basis unseres zölibatären Lebens. Das war weder für mich noch für sie eine Frage. Ich spüre immer wieder, wie wohl sie sich in ihrer Klostergemeinschaft fühlt und wie stimmig diese Lebensweise für sie ist. Ich selber spüre – trotz aller Probleme, die ich in meinem Lebensraum habe: Es ist im tiefsten richtig, daß ich Priester bin und ehelos lebe. Ich staune immer wieder darüber, daß unsere Freundschaft und unser zölibatäres Leben relativ problemlos miteinander harmonieren. Das ist ja nicht selbstverständlich. Sicher hat es damit zu tun, daß wir beide einen langen, je eigenen geistlichen Weg hinter uns haben. Wir standen ja beide nicht mehr am Anfang unseres ehelosen Lebens, sondern hatten schon manche Krise durchgemacht. Und sicherlich trägt auch die räumliche Entfernung zwischen uns beiden dazu bei, daß wir uns immer neu darauf besinnen müssen: Gott hat mich hierher und dich dorthin gestellt. Ich suche Gott an meinem Platz, und du suchst ihn an dem deinen. Unsere Freundschaft tritt nicht an die Stelle dieser Gottsuche, sondern will sie unterstützen... Aber trotz dieser Punkte, die sicherlich die Integration von Freundschaft und Ehelosigkeit unterstützen, glaube ich: Im tiefsten ist es ein Geschenk, daß die Freundschaft so zwischen uns möglich ist. Es gibt kein Rezept für das, was wir leben, und es ist kein »Modell«, das einfach nachahmbar wäre.
Die räumliche Distanz ist zugleich eine Belastung für unsere Freundschaft. Wir können uns nur selten sehen. Meine Tätigkeit in der Gemeinde läßt mir nicht allzuviel Freiraum, sie im Kloster zu besuchen. Und sie hat noch seltener die Möglichkeit zu einem Gegenbesuch. Über gemeinsame Urlaubstage und gelegentliche Besuche hinaus können wir nur telefonisch und brieflich miteinander in Kontakt sein. Wir versuchen, uns gegenseitig »auf dem Laufenden« zu halten und unser Leben miteinander zu teilen. Aber das ist manchmal schwierig: Nur die Stimme des anderen am Telefon zu hören, produziert oft Mißverständnisse, die bei einer unmittelbaren Begegnung nicht aufkämen. Und Briefkontakt bedeutet immer Zeitverzögerung. Ein Problem ist

manchmal schon nicht mehr aktuell, wenn der Antwortbrief ankommt. Es ist oftmals schmerzlich, mit diesen Grenzen zu leben. Und eine weitere Schwierigkeit möchte ich nicht verschweigen: die Frage der körperlichen Nähe. Wir erleben, daß es schön ist, unsere Gefühle füreinander auch leibhaft auszudrücken. Doch zugleich spüren wir beide, daß auch das Ja zum ehelosen Leben seine Ausdrucksform braucht: Sexuelle Intimität schiene uns beiden unvereinbar mit einem Leben nach den Evangelischen Räten. Klar ist: Wir wollen Grenzen einhalten, weil wir wissen, daß körperliche Nähe ihre eigene Sprache spricht und ihre eigene Dynamik besitzt. Wir wollen aber auch nicht ein paar Meter Abstand halten und eine rein geistige Verbundenheit leben. Welche konkreten Formen leiblicher Nähe für uns beide stimmig sind und zu unserer »zölibatären Freundschaft« passen, das zu finden ist nicht leicht, wir werden wohl noch weiter suchen müssen ...
Insgesamt komme ich immer mehr zu der Überzeugung: Die erste Frage in unserer Beziehung ist nicht: Welche *Grenzen* sind einzuhalten? Die eigentliche Frage heißt: Wo ist meine *Mitte* und wo ist die deine? Wem gehöre ich, wem gehörst du letzten Endes? Worauf richte ich mich, worauf richtest du dich im tiefsten aus? Wenn wir uns beide auf Christus hin orientieren; wenn die Überzeugung in uns beiden lebendig ist, daß ER die Erfüllung unseres Lebens ist; wenn wir die Sehnsucht nach IHM in uns wachzuhalten versuchen; wenn uns bewußt ist, daß alles Schöne, das wir miteinander erleben, von IHM her dazu gedacht ist, uns SEINE Liebe zu zeigen und uns zu IHM zu führen, wird unsere Freundschaft – davon bin ich überzeugt! – ihre angemessene Gestalt und die stimmigen Ausdrucksformen finden.
Neuerdings haben wir angefangen, öfter miteinander zu beten. Es war für mich ein neues und schönes Erlebnis. Es bedeutete für mich nicht nur eine Vertiefung unserer Freundschaft, sondern es war zugleich ein Zeichen dafür, daß wir uns nicht gegenseitig »gehören« und genügen, sondern auf Gott hin leben wollen. Daß wir nicht füreinander SEINE Stelle einnehmen wollen, sondern einander den Blick auf IHN offenhalten möchten.
Ich weiß nicht, welche Schwierigkeiten noch auf uns zukommen werden; ich kann nicht vorhersehen, wie unsere Beziehung in einigen Jahren sein wird. Aber es gibt mir sehr viel Zuversicht, daß wir sie seit einigen Jahren schon leben und daß wir sie beide – trotz mancher Dunkelheiten und Spannungen – durchgängig als stimmig und bereichernd empfinden. Ob das ein Hinweis darauf ist, daß es sich um etwas Tiefes, Echtes und Bleibendes handelt – und daß SEIN Segen auf unserer Freundschaft ruht?

Auf Nähe und Intimität angewiesen

Ein Priester berichtet:

»Intimität und zölibatäres Leben« stehen sich nicht im Weg, sondern können sich ergänzen. Es erscheint als ungeschriebenes Gesetz, daß entweder nur das eine geht oder das andere: Intimität *oder* zölibatäres Leben – so allein erscheint es den meisten Zeitgenossen richtig formuliert. Denn »intim« meint – zumal unter jüngeren Leuten – »miteinander schlafen«, und das ist für den Zölibat ja nicht vorgesehen.
Auch wenn längst viele durchaus verständnisvoll und mit einem Augenzwinkern damit rechnen, daß ein einigermaßen normal veranlagter Pfarrer es »mit dem Zölibat nicht so ganz genau nimmt«. Man denkt sich so seinen Teil, geht davon aus, daß jeder Pfarrer seine Freundin hat, und war im übrigen schon immer gegen den Zölibat.
An diesem Punkt bin ich bei mir selbst – bei mir als Person und bei meiner Tätigkeit als Gemeindepfarrer. So einfach und plakativ, wie ich es formuliert habe, erlebe ich nämlich bei vielen Gemeindemitgliedern die Sichtweise von »Intimität und zölibatärem Leben«. Irgendwie tue ich den meisten wahrscheinlich leid, daß ich mich mit einer solchen Gratwanderung beschäftigen muß, die nicht zu sein brauchte, wenn nur endlich der Pflichtzölibat abgeschafft würde. Und weil sie es mir nicht unnötig schwer machen wollen, sprechen sie mich erst gar nicht darauf an.
Aus meiner Sicht erlebe ich diese Thematik natürlich anders. Mit etlichen Priesterjahren auf dem Buckel übe ich meinen Beruf nach wie vor gern aus, um nicht zu sagen: mit ungebrochener Leidenschaft. Auch strebe ich nicht mit einem Hechtsprung aus dem Zölibat, sondern erlebe ihn als zu mir passend. Zugleich weiß ich, daß vor allem die Erfahrungen von Intimität und Nähe, die ich im Laufe meiner Berufsjahre machen durfte, meine positive Sichtweise von Beruf und Lebensform geprägt haben.
Ich bedauere es allerdings immer mehr, kaum eine Plattform zu finden, meine eigenen Erfahrungen und Sichtweisen zur Sprache bringen zu können. In der Gemeinde und unter Berufskollegen fehlt es an Geprächspartnern, wahrscheinlich bin ich auch selbst zu wenig mutig – wir »Priesterbrüder« haben es auch so wenig eingeübt, über Stichwörter wie Beziehung, Intimität, Sexualität, Freundschaft angstfrei und offen zu reden. So ist also dieser Ar-

tikel eine gute Gelegenheit, bisher unausgesprochene Gedanken und Erfahrungen zur Sprache zu bringen und im Hinblick auf so existentielle Themen wie Intimität und Zölibat eine »revision de vie« zu halten.

Als erstes steigen Erinnerungen an die eigene Kindheit und Jugend in einem gutbürgerlichen, katholischen Elternhaus in mir hoch. Vater und Mutter stimmten in ihrem engagierten Christsein überein, das sie uns Kindern ohne allzu viel Zwang zu vermitteln und weiterzugeben vermochten. Die Jahre des Konzils erlebten sie auch für sich persönlich als wichtigen Schub nach vorn, um die eigene katholische Erziehung von so manchem Mief zu befreien.

Eines aber vermochten sie trotz mancher zaghafter Bemühungen nicht abzuschütteln: die tiefsitzende leib- und lustfeindliche katholische Prägung. In ihrer Hilflosigkeit bemühten sie sich vor allem, einen weiten Bogen um alles zu machen, was mit Sexualität zusammenhängt. Besser nicht darüber reden, damit keiner auf dumme Gedanken kommt – so würde ich im Nachhinein ihr Erziehungsprinzip beschreiben. Sie hatten es wohl zutiefst in sich aufgesogen und gaben es natürlich – eher ungewollt und unbewußt – an uns weiter: Jede mehr als oberflächliche Begegnung zwischen den Geschlechtern ist eine hochbrisante Angelegenheit; Leib und Lust sind vor allem Gefahrenquellen und nicht Lebensquellen; Sexualität ist eher ein gefährlicher Gegner als der gottgewollte Lebensnerv der eigenen Person.

Dabei blieb vor allem der Frau die Rolle der Verführerin zugedacht; wie tief sich doch im katholischen Volk die Vorstellung von der gefährlichen Eva eingeprägt hat! Die Aufgabe des Mannes war es, aufzupassen und für die Frau mitzudenken. Dementsprechend habe auch ich bis in die Kaplansjahre hinein in erster Linie »aufgepaßt, daß nichts passiert«.

Auch die Jahre im Priesterseminar hatten mir da keinen neuen Blickwinkel ermöglicht. Man gab sich zwar sonst in den siebziger Jahren, in denen ich studierte, ganz weltoffen und liberal. Jene berühmten Themen aber, die junge Leute vor allem beschäftigt haben, wurden schlichtweg totgeschwiegen.

Ich kann mich in meiner gesamten mehrjährigen Seminarzeit an keine einzige Situation erinnern, in der ein Regens, Subregens oder Spiritual durch eine ehrliche Information oder ein offenes Gespräch uns blutjungen Priesteramtskandidaten Anregungen oder Hinweise gegeben hätte, wie denn Zölibat und Intimität auf gute Weise lebbar sein könnten. Der einzige, der überhaupt einmal etwas sagte, war der Exerzitienmeister vor der Diakonen-

weihe, und der hatte nichts Sinnvolleres parat, als die alte Regel von dem Tisch zwischen dem Priester und der Frau. Ansonsten sah jene Vogel-Strauß-Politik ganz einfach vor, daß jeder Seminarist »die ganzen Sachen« schon irgendwie selbst regeln wird.
Ich selbst hatte also bis zur Priesterweihe nur eines gelernt: meine ganzen Kräfte auf das Vermeiden zu konzentrieren. Gerade deswegen ist es aber auf der ersten Kaplansstelle erst recht »passiert«. Ich verliebte mich, wurde von den Gefühlen mitgerissen, betrat jenes gefährliche Neuland, das angeblich ins Verderben führt. Mit wie vielen Ängsten und Schuldgefühlen das für einen jungen, unerfahrenen Kaplan verbunden war, davon brauche ich wohl gar nicht erst zu reden.
Noch heute bin ich Gott dankbar für die Erfahrung, die ich damals machen durfte. Ohne sie hätte ich mit Sicherheit irgendwann meinen Beruf aufgegeben oder an Körper und Seele Schaden genommen. Vor allem mußte (besser gesagt: durfte) ich mein Frauenbild korrigieren. Denn von Verführung konnte keine Rede sein; ich sollte auch nicht mit irgendwelchen Tricks umgarnt und der Kirche abspenstig gemacht werden. Im Gegenteil: Die Frau, in die mich verliebte, erwies sich als viel natürlicher, gelassener und dabei mir und sich gegenüber barmherziger als ich selbst, der ich vor allem panisch, unreif und überfordert reagierte. Mit ihr durfte ich etwas erleben, das ansonsten für jeden jüngeren Menschen selbstverständlich ist: daß das Verliebtsein und die damit verbundenen körperlichen und seelischen Erfahrungen durchaus nicht den Himmel zum Einsturz bringen, sondern das Herz weiten. Im Sinne der Kirche bin ich also damals »gescheitert« – in Wirklichkeit aber für mich selbst reifer und »erwachsener« geworden.
Eine andere Erfahrung machte ich in jenen frühen Kaplansjahren, die mich tief geprägt und – wie ich hoffe – im Hinblick auf meine Beziehung zu Gott und den Menschen aufgebrochen hat: Ich lernte zwei Familien kennen, in denen Eltern und Kinder für mich zu Freundinnen und Freunden für das Leben wurden.
Wir machten gemeinsam Urlaub, an freien Tagen oder Abenden konnte ich mich bei ihnen – anders als im Pfarrhaus – zu Hause fühlen; ich sah die Kinder heranwachsen, wurde für sie zum gesuchten Gesprächspartner in ihren Sorgen und Freuden und lernte ganz nebenbei, was es heißt, zusammenzubleiben, auch wenn einmal die Fetzen fliegen. Es tat mir vor allem gut, ganz normal behandelt zu werden, ich wurde als Mensch mit Ecken und Kanten betrachtet und nicht – wie sonst oft – als Priester in den Himmel gehoben.

Dieses Eingebundensein in dauerhafte, verläßliche Beziehungen, das Wissen um Heimat und Geborgenheit wurde für mich über die Jahre zu einem Schutzschild gegen Gefährdungen, die das zölibatäre Leben für einen Weltpriester mit sich bringt. Womit ich nicht sagen will, daß ich vor Gefährdungen bewahrt blieb, sondern eher, daß die Nähe und Unterstützung mir half, Krisenzeiten durchzustehen.
Ein Wort zu diesen Gefährdungen: Ich habe zunehmend ihren schleichenden Charakter kennengelernt, der sich bei einem Leben einstellt, das sich als typisches Single-Dasein beschreiben läßt. Als Weltpriester kann man völlig frei und unabhängig sein Alltagsleben gestalten, es sind einem persönlich kaum Grenzen gesetzt; was in den eigenen vier Wänden geschieht, wird von niemandem hinterfragt, geschweige denn kritisiert.
Lange Zeit habe ich diese Freiheit genossen. Irgendwann aber schlug die Stimmung um, und ich entwickelte zunehmend Tendenzen zum Selbstmitleid, fühlte mich von den Menschen ausgenutzt und von Gott verlassen, geriet mit mir, dem Beruf und der Lebensform in Streß, bis schließlich eine Ärztin seelischen Erschöpfungszustand diagnostizierte. Das berühmte Burn-out-Syndrom war auf einmal nicht nur ein Schlagwort, sondern persönlich erlittene Wirklichkeit.
Therapeutische Hilfe und geistliche Begleitung brachten mich neu auf die Beine – ich werde diese Monate der Unterstützung und Neuorientierung immer dankbar in Erinnerung behalten. Das helfend-heilende Einzelgespräch und die treue Zuwendung der Menschen, die mich gern haben, ließen mich ganz existentiell erleben, wie sehr ich selbst auf Nähe und Intimität angewiesen bin; es macht eben tatsächlich keinen Sinn, als Theologe ständig vom Gott der Liebe und der Beziehung zu reden, dabei aber Liebe und Beziehung für das eigene Leben auszuklammern. Seit dieser schmerzhaften, aber wohl lebensnotwendigen Krisenerfahrung bemühe ich mich sehr viel mehr als früher, mein Leben nicht ausschließlich von beruflichen Belangen diktieren zu lassen, sondern gerade auch meine Freundschaften zu pflegen.
Besonders glücklich bin ich, daß mein Gebetsleben heute wieder intensiver und lebendiger ist. Ich spüre es an Leib und Seele, wie gut es mir tut, der Beschäftigung mit geistlichen Dingen im persönlichen Leben Raum und Zeit zu geben. Das sehr bewußte innere Erfahren, daß die Beziehung zu Menschen und die Beziehung zu Gott in einem untrennbaren Zusammenhang stehen, wird mich hoffentlich nie mehr verlassen.

4. Kapitel

ENGEL AM LEBENSWEG

Tiefen-Intimität mit Jesus in mir und in anderen

Ein Priester und Ordensmann schreibt:

Meine Erfahrung zu Intimität und zölibatärem Leben? Einige Bilder tauchen in mir auf. Es war nach dem Krieg, im Knabenseminar. Es war Brauch, jeden Tag eine Anbetung des heiligsten Sakramentes zu halten. Ich weiß noch genau, wie ich als 15jähriger das erste Mal den Eindruck hatte: Da vorne, wo das Ewige Licht brennt, da ist jemand, ein Du, mit dem ich sprechen kann und das mich auch versteht, wenn ich nichts sage. Meist kniete ich dabei, die Hände vor dem Gesicht. Einmal waren meine Hände feucht. Die Feuchte kam von meinen Augen. Mir waren Tränen gekommen! Wenn ich in die Hauskapelle ging, war es, wie wenn ich nach Hause käme. Eine geheimnisvolle Anwesenheit berührte mich.

Eine andere Situation taucht in mir auf: In einer öffentlichen Kirche, am Ort des Seminars. Ich knie in der Bank. Ein Mädchen, das bei uns in der Seminarküche arbeitet, geht von der Kommunion zurück. Unsere Blicke treffen sich. Ein Gefühl durchströmt mich, das ich bisher noch nicht gekannt hatte. Ich suche in den nächsten Tagen Gelegenheiten, ihr ganz unauffällig zu begegnen. Ich bin gewissenhaft und erzähle unserem Spiritual, daß ich ein Mädchen liebe. Er geht überhaupt nicht darauf ein. Sind also solche Gefühle normal, auch für einen Seminaristen?

Bald folgt eine herbe Enttäuschung. Ich entdecke, daß »mein« Mädchen meinen Klassenkameraden nachschaut. Mit einem Schlag ist sie wieder das gar nicht so besondere Küchenmädchen. Aber eine Suchbewegung war damit in Gang gekommen. Immer öfter kam mir bei der Begegnung mit Mädchen oder jungen Frauen der Gedanke, ob diese oder jene wohl die Richtige für mich wäre, wenn ich nicht in einen Orden eintreten und Priester werden würde.

Am Vorabend meines Ordenseintritts sah ich – es war tatsächlich nur ein Sehen von weitem auf dem Platz vor der Kirche – ein Mädchen aus unserer Pfarrei, von dem ich durch andere wußte, daß es ihrerseits vorhatte, in einen Orden einzutreten. Ich fühlte so etwas wie seelischen Gleichklang und konnte mich vom gelegentlichen Wunsch, auf eine Freundschaft mit einem Mädchen zuzugehen, gut verabschieden.

Als ich Theologiestudent war, besuchte mich ein Klassenkamerad mit seiner Frau. Sie waren neu vermählt. Das Fluidum zwischen den beiden, das sich in vielen Zärtlichkeiten zeigte, berührte mich, verunsicherte mich auch etwas. Als die beiden wieder abgereist waren, ging ich vor den Tabernakel. Dort konnte ich meine eigenen Beziehungsgefühle neu verankern.
Ich glaube, daß ich im Rückblick sagen kann, Freundschaft zwischen Mann und Frau, Ehe und Familie immer hochgeschätzt zu haben. Aber meine Welt war die der Beziehung zu Jesus in der Eucharistie und von da aus zu den Menschen.
Mit 26/27 Jahren – ich war schon Priester – wurde ich überrascht von der Wucht des sexuellen Drangs. Es kam gelegentlich zur Selbstbefriedigung. Ich ging jeweils beichten. Es tat gut, es jemandem sagen zu können und vor Gott neu anzufangen. Es kam mir auch der Gedanke: Sollte ich mich wegen des manchmal starken sexuellen Drangs anders orientieren – auf eine Ehe zugehen? Doch ich spürte, daß sexuelle Schwierigkeiten kein Argument für eine Ehe sein konnten.
Nach und nach trat das Problem in den Hintergrund. Ein anderes tauchte auf. Ich war inzwischen in der Erziehung und Seelsorge gelandet. Ich kam gut zurecht. Aber irgendwo spürte ich eine Leere. Die seelisch gefüllte Beziehung zu Jesus in der Eucharistie fühlte sich nicht mehr so an wie in den Tagen des Noviziats und des Theologiestudiums! »War das nun alles?«, fragte ich mich.
Es war Konzilszeit. Ich war auf der Suche. Es mußte sie doch geben, diese Kirche des Konzils, konkret geben! Und es gab sie, so hatte ich im Sommer 1964 den Eindruck. Es gab sie in dem, was mir bei einem Sommertreffen der Fokolar-Bewegung begegnete. Da waren einige hundert Menschen beisammen, die Beziehung zueinander hatten. Es war, wie wenn ein Unsichtbarer unter ihnen, unter uns anwesend wäre. Ich wurde an Gefühle erinnert, die ich früher einmal vor dem Tabernakel hatte. Einige Zeit später las ich in einem Buch von Chiara Lubich einen Abschnitt über »Jesus, den Verlassenen«. Die folgende Nacht konnte ich nicht schlafen, so bewegte mich der Gedanke, daß sich Jesus in seiner Verlassenheit am Kreuz mit all unseren Verlassenheiten, Problemen, Fragen und Nöten verbunden hat. Ich kann mit ihm leben, wenn ich auch und gerade das Negative als sein »Gewand« entdecke und ihn darin »umarme«. Da begegnete mir keine abgehobene Mystik, sondern ein Lebensstil, der beständige Verbundenheit mit Jesus ermöglicht. Ja, ich hatte gefunden, wieder gefunden und mehr gefunden!

Daraus ist die Grundlage meines jetzigen geistlichen Lebens gewachsen, die auch mein Ordensleben trägt und lebendig erhält! Meine Tiefen-»Intimität« ist die mit Jesus in mir, im anderen, in seinem Wort, in der Eucharistie, im Leid, unter uns. Das ist der Lebensraum, in dem ich täglich versuche, mich zu bewegen. Das Wort »Intimität« läßt mich freilich auch speziell an die Freundschaft mit Teresa und mit Ruth denken. Was diese freundschaftlichen Beziehungen für mich und für die beiden bedeuten, könnte aus folgenden Briefen deutlich werden:

Liebe Teresa,
wenn ich an den Beginn unserer Freundschaft zurückdenke, taucht das Bildungshaus auf, in dem ich oft als Referent war und in dem wir uns kennengelernt haben. Eines Tages ertappte ich mich dabei, wie ich die Teilnehmerliste zuallererst auf Deinen Namen hin durchsah. Bist Du dabei oder nicht? Bei einer Bewegungsübung mit Musik waren wir Partner. Beim anschließenden Austausch über unsere Erfahrungen stellten wir fest, daß wir zu einer spontanen Harmonie gefunden hatten. Einmal waren Blümchen auf meine Papier-Serviettentasche aufgemalt. Es gab mehrere Servietten-Kreationen. Aber Deine Blümchen schlüpften in mein Gemüt. Eines Morgens waren wir bei Entspannungsübungen. Du lagst am Boden, die Augen geschlossen, als ich hereinkam. Mir war es, als berge sich in Dir ein Gehcimnis, das mit mir zu tun hat. Im Kurs blieb kein Raum für ein persönliches Gespräch, aber anschließend schrieb ich Dir und teilte Dir meine Gefühle mit. Ich wollte damit nicht allein bleiben! Deine Antwort hat mich sehr gefreut: Du gestandest mir Deine Gefühle mir gegenüber!
Nun sind es schon lange Jahre, daß wir uns kennen. Wir treffen uns zwar selten, und unser Brief- und Telefonkontakt ist ja auch nicht gerade häufig, aber noch heute habe ich bei jedem Kontakt mit Dir das Gefühl, einem Teil meiner eigenen Seele zu begegnen. Ich kann mir vorstellen, daß wir ein gutes Paar abgegeben hätten. Einmal, beim Spaziergang am See, sprachen wir darüber. Aber zum Zeitpunkt, da wir uns kennenlernten, waren die Entscheidungen für unsere Lebensform ja längst gefallen. Es ist Ausdruck unserer gegenseitigen Liebe, daß wir diese Entscheidungen respektieren. Ich finde das prima! Und es freut mich, daß wir im Glaubensbereich gleiche Ideale haben, daß unsere gegenseitige Sympathie getragen wird vom gemeinsamen Leben aus dem Wort Gottes.

Als wir uns neulich in Freiburg trafen, Du Dein Medikament nicht dabei hattest und wir gemeinsam eine Apotheke suchten, kam mir der Gedanke: »in guten und in bösen Tagen!« Du hast mir übrigens gesagt, daß Du unsere Beziehung immer unter den Augen Gottes gesehen hast. Danke für Deine Klarheit und Ehrlichkeit in all den Jahren, seit wir uns kennen! Ich bin durch Dich reicher, erfüllter, auch freier in der Begegnung mit anderen Menschen geworden!

Ich umarme Dich und weiß mich Dir ganz tief verbunden!

Dein Markus

Mein lieber Markus,
herzlichen Dank für Deinen Brief! Er ist mir Anlaß, Dir zu sagen, wie ich die Beziehung zu Dir lebe. Wenn ich bei der Meditation im Atemrhythmus die (Gebets-)Worte »weg von mir – hin zu Dir – eins mit Dir – neu aus Dir« oder »mich hergeben – mich hingeben – mich aufgeben (in Dich hinein) – neu werden« wiederhole, tue ich das mit Dir – wie damals bei den ersten Meditationskursen. – Bei der Meßfeier ist mir in letzter Zeit das Gebet zur Gabenbereitung besonders wichtig geworden: »Wie das Wasser sich mit Wein verbindet zum heiligen Zeichen, so lasse uns dieser Kelch teilhaben an der Gottheit Christi, der unsere Menschennatur angenommen hat.« Ich gebe mich und Dich immer wieder in Gott hinein wie das Wasser in den Wein! Ich habe Dich sehr gern, aber immer hineingenommen in die Beziehung zum Herrn, in seine göttliche Liebe! Du hast mir einmal gesagt, daß ich ein Zimmer habe in Deiner inneren Wohnung. Ich fühle mich wohl darin, zusammen mit allen, die zu Deinem »Haus« gehören! Ich umarme Dich und bleibe Dir in IHM und durch IHN verbunden!

Deine Teresa

Liebe Ruth,
wir haben uns durch Seelsorgsgespräche näher kennengelernt. Du hast Dich mir gegenüber geöffnet, ich suchte mich in Deine Situation hineinzufühlen. Als Du mir einmal am Ende eines solchen Gesprächs Deine Dankbarkeit zeigen wolltest, fragtest Du mich, ob es mir recht sei, wenn Du mich umarmst. Für mich

waren damals Umarmungen im seelsorgerlichen Kontext ungewohnt. Aber dann spürte ich, daß dadurch zum Ausdruck kam, was innerlich längst gewachsen war! Du schriebst mir damals oft. Es waren lange Briefe, in denen Du von Dir, von Deiner Kindheit, von Deinem intensiven Ringen um den Sinn des Lebens erzähltest. Ich antwortete selten und recht kurz. Aber nach und nach wurde unsere Beziehung auch für mich wichtig. Am deutlichsten wurde das für mich vor relativ kurzer Zeit, als Du mir über Deine Gefühle Bernhard gegenüber berichtetest! Dies war wie ein Schock für mich! Warum? Sicher hatte ich Probleme damit, daß Du Deine Entscheidung für die geistliche Gemeinschaft, in der Du lebst, zur Disposition stellen könntest zugunsten der ehelichen Lebensform! Aber ich empfand – das wird mir im nachhinein deutlich – Bernhard auch als Konkurrenten! Ich hatte mich an Deine intensiven Gefühle mir gegenüber gewöhnt – und jetzt gab es so etwas wie Entzugserscheinungen! Ich mußte mich der Situation stellen und neue Reifungsschritte tun! Jetzt bin ich dankbar dafür!
In der Gestaltung unserer Beziehung hat mir der gemeinsame Glaube an die Liebe Gottes sehr geholfen und die Entscheidung für Jesus, der uns gerade in unserer Not und Verlassenheit begegnet und so die Möglichkeit gibt, mit ihm durch alle Situationen des Lebens zu gehen. In den Phasen Deiner Schwermut war Deine Seele oft wie ein dunkler See, in den ich mich nur deshalb hineinbegeben konnte, weil mir in dieser Dunkelheit Jesus selber begegnete. Dann gab es wieder Situationen, in denen die Sonne aufleuchtete in diesem See und ein wunderbares Glitzern hervorbrachte. Ich spürte den Reichtum Deiner Seele, Deine Erlebnis- und Einfühlungsfähigkeit. Als wir in langen Gesprächen in meinem Büro saßen oder an einem See entlang unterwegs waren, lebte ich bei Dir innere Höhen und Tiefen mit, die ich so bei mir nicht kannte.
Der leibliche Ausdruck unserer Beziehung hatte immer einen gemeinsam verantworteten klaren Rahmen. Wenn uns jemand von außen beobachtet hätte, hätte er oder sie vielleicht manchmal den Eindruck haben können, wir seien Verliebte. Ich habe bzw. wir haben phasenweise wohl auch Elemente einer Vater-Tochter-Beziehung oder Elemente einer Verliebtheit mit-gelebt. Unsere Beziehung war aber immer – so scheint es mir – getragen von einer tiefen personalen, aus dem Glauben kommenden Zuwendung, von der klaren Entscheidung von uns beiden, genitale Sexualität auszuschließen, von der Überzeugung, vor Gott und in Gott miteinander einen Weg zu gehen. Und heute erlebe ich un-

sere Beziehung als eine Freundschaft in Ebenbürtigkeit, in der ich mich bei Dir genauso aussprechen kann, wie Du es bei mir kannst. Und was ich Dir unbedingt auch noch sagen möchte: Es tut mir sehr gut, daß Du meine Freundschaft mit Teresa immer respektiert hast und sie nie ein Hindernis für unsere Beziehung war!

Mit einer herzlichen Umarmung

Dein Markus

Lieber Markus,
hab herzlichen Dank für Deinen Brief, in dem Du der Entwicklung unserer Beziehung nachspürst! Wenn ich an die langen Jahre unserer Freundschaft denke, staune ich über diesen Weg, den wir so behutsam beschritten haben, der manchmal aber auch eine Gratwanderung war. Auch ich bin davon überzeugt, daß wir unseren Weg vor allem deshalb in dieser seelischen Intensität und geistlichen Intimität gehen konnten, weil jeder von uns versucht hat, sich von vorneherein und ständig neu immer tiefer in Gott zu verwurzeln und die erste und innerste Liebe immer IHM galt. Ich erinnere mich noch gut daran, wie meine Freude im geistlichen Leben und in meiner Beziehung zu meiner Gemeinschaft gleichzeitig mit der Sicherheit wuchs, die ich nach und nach in der Beziehung zwischen Dir und mir empfand. Ja, auf Grund unverarbeiteter Verletzungen in meiner Kindheit war es mir wirklich sehr lange Zeit fast unmöglich zu glauben, daß Du (auch) mich magst und auf Dauer ebenso zu mir stehst wie zu anderen Menschen auch. Und ich spürte intuitiv, daß es für mich existentiell not-wendig war, Nähe auch leiblich zu erfahren, in stimmigen Zeichen und Gesten, nicht nur im Wort. Für mich war diese Nähe Geschenk; zwischen uns ganz transparent auf Gott hin und im Gebet miteinander spürte ich deutlich, daß wir diese Gabe nur in der entschiedenen Ehrlichkeit vor IHM und voreinander so empfangen und leben konnten. Ich empfand diese personale Zuwendung wie einen geistlichen Raum, in dem sich das heilende Handeln Gottes in mir, in uns auswirken konnte. Durch viele schmerzliche, dunkle Situationen hindurch, die meine Entwicklungsphasen begleiteten, wuchs in langen Jahren ein tragfähiges Vertrauen in mir, das sich jetzt in allen meinen Beziehungen, in denen ich lebe, heilsam auswirkt. Ja, Markus, ich spüre eine tiefe Dankbarkeit dafür, daß Du gerade auch die

schwierigen Wegstrecken »am dunklen See entlang« so einfühlsam und entschieden mitgegangen bist.
Deine Freundschaft mit Teresa war mir tatsächlich nie ein Hindernis in unserer Beziehung, da hast Du recht! Du hattest Teresa lange vor mir kennengelernt, und da ich ja *Dich* mochte und mag, wie Du bist, mochte und mag ich Dich mit ihr. Sie gehört zu Deiner »geistlichen Familie«, und vielleicht war Eure Freundschaft tatsächlich für uns auch die Chance, durch manche Phasen gegenseitiger Übertragungen innerhalb unserer Beziehung durchzureifen zu einem vertrauenden, erwachsenen »Du«.
Die Berufungs- und Beziehungskrise, die meine Begegnung mit Bernhard ausgelöst hat, empfinde ich heute wie einen Geburtsvorgang: Ich selber mußte und durfte lernen, Dir gegenüber zu mir und den Gefühlen für Bernhard zu stehen und in der Klärung meiner Beziehung zu ihm und in der Auseinandersetzung zwischen Dir und mir vor Gott neu meinen Weg zu suchen und zu gehen. Das war keine leichte Zeit für uns, aber im ehrlichen Ringen miteinander, um herauszufinden, was Gott möchte, ist die Beziehung zwischen Dir und mir in noch größere Freiheit hineingereift, ja wirklich, in ebenbürtiges Empfangen und Geben.

Lieber Markus, ich danke Gott und Dir für unsere erprobte Freundschaft und ich umarme Dich in IHM

Deine Ruth

Eine tiefe Geborgenheit

Eine Ordensfrau berichtet:

Vor etwa zehn Jahren hat mir ein Buch, das in etwa auch das Thema Intimität und Zölibat ansprach, sehr geholfen, in meinen persönlichen Fragen mehr Klarheit zu gewinnen. Weil ich glaube, daß es Menschen helfen könnte, darum bin ich bereit, von meinen Erfahrungen und Einsichten zu berichten.
Zu jener Zeit stand ich auf meinem Lebensweg mitten in der angesprochenen Problematik. Der Weg dorthin hat viele Stationen gehabt, die ich in großen Schritten nachgehen möchte.
Eine unkomplizierte Kindheit war mir vergönnt, mit einer starken Affinität zu meinem Vater. Aber darüber sprachen wir nicht; es war so, und das war genug und gab mir eine innere Sicherheit und Ruhe in seiner Nähe. Geblieben ist mir eine tiefe Verehrung.
Alles Sexuelle war tabuisiert. Um so stärker regte sich das Bedürfnis nach eigener Entdeckung und Wahrnehmung von körperlichen Veränderungen. Damit einher gingen diffuse Schuldgefühle. Zugleich fühlte ich mich hingezogen zum anderen Geschlecht, erlebte Zärtlichkeiten als Beglückung, erlebte bewußt Geliebtwerden und Liebenkönnen, aber ohne sexuelle Kontakte.
In dieser Phase kam die Wahrnehmung von Berufung auf. Ich wollte mit meiner erwachenden Liebesfähigkeit für viele Menschen dasein, ohne mich an einen Menschen fest zu binden. Als mir im Widerspruch von der Familie, von Verwandten und Bekannten und vor allem von Gleichaltrigen gesagt wurde, ich könne sicher einen Partner glücklich machen und vielen Kindern eine liebevolle Mutter werden, war das für mich eigentlich eine Bestätigung meiner Berufung.
Im Ringen um meine Wahrheit und um meinen Weg suchte ich Weisung und Klärung bei einem Priester, dem ich über 23 Jahre innerlich sehr verbunden blieb. Ich entdeckte, wie gut es mir tat, daß mir ein Mensch zuzuhören vermochte, daß er mir – bei allem Widerstand, den ich auch wahrnahm – zeigte, daß er Gottes Willen mit mir verstehen wollte. Ich fühlte mich sehr ernst genommen, vermochte zu vertrauen, weil ich mich geliebt erlebte, ohne daß es in Worten oder Zeichen Ausdruck fand.
Bis zu seinem plötzlichen Tod habe ich diesen Priester als einen Freund erleben dürfen, wenngleich wir uns das nie gesagt haben. Wenn sich die Kontaktnahme auch darauf beschränken mußte,

daß wir uns nur einmal im Jahr sprechen konnten, zu allen Festtagen Briefkontakt hatten, so war mir diese Beziehung sehr bedeutsam. Ich verspürte in seinem Verstehen, in seiner Verläßlichkeit und Treue und in der zarten Zurückhaltung dennoch eine tiefe Geborgenheit. Bei ihm war ich zu Hause. Ich empfand Nähe und Intimität. Es gab in meiner Welt keinen Menschen, mit dem ich das Glück und die innere Kraft, die ich aus dieser Beziehung schöpfte, hätte teilen können. Ich konnte es nur Gott erzählen, und dabei gewann ich immer mehr die Gewißheit, daß es gut war, mehr noch, daß es SEIN Geschenk an mich war. In verschlüsselten Andeutungen durfte ich erfahren, daß auch der Priester Kraft aus dieser Beziehung schöpfte.
Sein plötzlicher Tod verpflichtete mich, ihm und mir selbst zu bekennen, daß er mir sehr viel bedeutete. Ich fuhr zu seiner Beerdigung. In meiner Trauer blieb ich allein. Ich wagte mich niemandem anzuvertrauen, aber ich wußte, daß ich ohne ihn die schweren Jahre des Ordenslebens nicht durchgestanden hätte. Auch wenn ich alles verbergen mußte, wußte ich mich von Gott beschenkt mit einer Erfahrung, die für mein Leben im Dasein für viele eine notwendige Erfahrung und Voraussetzung war.
Es gab eine zweite, sehr wichtige Etappe auf meinem Weg. Sie war ähnlich und doch ganz anders. Die nachkonziliaren Jahre und die damit verbundenen Prozesse in der Kirche und in den Ordensgemeinschaften forderten mich gewaltig ein. Das, was für mich durch viele Jahre in der klösterlichen Lebensweise von der Sinnhaftigkeit sehr schwer und anfragbar war, wurde immer mehr zur artikulierten Frage. Die Folge war permante Ablehnung. War ich schon durch den Tod des genannten befreundeten Menschen heimatlos geworden, so wurde ich es jetzt in einem noch größeren Maße.
In dieser Zeit wurde ich zurückgeworfen auf das einzig Wahre. Ich setzte nicht auf irgendwelche Positionen, war aber auch nicht zu kritikloser Anpassung bereit. Beruflich ließ ich mich von außen einfordern, gewann Kontakte, verausgabte mich immer mehr und verhungerte bis zu dem Punkt, an dem ich einem Elia gleich unter dem Ginsterstrauch lag.
In dieser ausweglosen Situation trat ein Engel in mein Leben. Mit ihm durfte ich einen Weg wachsender Freundschaft gehen. Wiederholte Krankheit mit Todesnähe hatten ihn geläutert, nachkonziliare Prozesse sein Herz verwundet, und zugleich erfüllte ihn ein tiefes Gottvertrauen. Die Intensität unserer Beziehung wuchs stetig, nicht ohne Schmerzen, weil es lange dauerte,

bis ich meinen Platz in den vielen Beziehungen gefunden hatte, die mit seiner seelsorglichen Aufgabe gegeben waren.
Im Laufe der Zeit spürte ich immer mehr, daß diese freundschaftliche Beziehung eine andere Qualität hatte und mich ganzheitlicher bewegte. Wenn wir uns auch anfangs gegen Exklusivität wehrten, die Liebe verlangt sie in einem gewissen Maße. Wir haben uns aber immer wieder darüber unterhalten, weil wir offen bleiben wollten für viele Menschen. Ganz allmählich fand eine Läuterung in der Liebe statt, die sich darüber freuen konnte, wie der jeweils andere auch von anderen Menschen geschätzt und verehrt, ja geliebt wurde, ohne sich selbst dabei zurückgesetzt zu fühlen. Wir erlebten unsere freundschaftliche Beziehung immer mehr als ein Geschenk, das uns verpflichtete.
Diese Phase innerhalb unserer Beziehung ging einher mit dem Bedürfnis nach mehr Nähe und Intimität. In meiner Empfindungswelt gab es nicht nur viele Tabus, sondern auch Schuldgefühle, die durch die klösterliche Moral noch verstärkt wurden. Als mir ein erstes deutliches Zeichen der Zuneigung und Zärtlichkeit geschenkt wurde, empfand ich es als tiefe Beglückung, die die Furcht zurückwies. Es war jene Berührung, die mich glauben ließ, daß es ein Zeichen von Gott war, der mir in der Wüste Brot und Wasser reichen wollte. Es brauchte noch eine längere Zeit, um das Gottes-Geschenk ganz zu verinnerlichen. Im Laufe der Jahre wurden wir immer mehr miteinander vertraut.
Die Wahrnehmung des je anderen in der geschlechtlichen Andersartigkeit erlebten wir beglückend und befreiend zugleich, ohne sexuelle Intimität. Die Ehrfurcht und Wertschätzung voreinander und vor der Berufung des je anderen geboten eine liebevolle Zurückhaltung und Behutsamkeit. Wir hatten uns von Anfang an zugesagt, daß jeder die Berufung des anderen achten wolle und wir darum alles meiden würden, wodurch diese gefährdet sei. In wiederholten Gesprächen haben wir gefragt und reflektiert, was die gegenseitige Wahrnehmung uns bedeute, was wir schön oder weniger angemessen erlebten.
Oft waren wir überaus glücklich und erlebten eine spürbare Nähe, wenn wir einfach beieinander still oder auch verbal zu beten versuchten. Die Offenheit und Vertrautheit, die uns erlaubte, alles auszusprechen, was an Freude, an Fragen und Ängsten in uns lebte, war wie der Blick Gottes in unsere Beziehung hinein oder wie sein Geist, der zur Sprache kommen wollte. Die Hingabe in einem ganz tiefen Vertrauen hat unsere Freundschaft um vieles bereichert und gefestigt. Große und tiefe Dankbarkeit wurde immer mehr der Tenor unseres Betens und Lebens.

In der Verbundenheit mit vielen uns anvertrauten Menschen erwuchs eine Fruchtbarkeit als Geschenk der Freundschaft. Wie wir beieinander zu Hause waren, so konnten wir ihnen ein Zuhause sein und Geborgenheit erfahren lassen.
Im Laufe der Jahre gab es eine Übereinstimmung, die auf viele Zeichen verzichten konnte. Es war eine wunderbare Hilfe, daß wir ziemlich regelmäßig telefonischen Kontakt hatten. Das gab eine große Verläßlichkeit und Sicherheit, um einen Menschen zu wissen, an den ich mich in Freud und Leid wenden konnte, ohne fürchten zu müssen, abgewiesen zu werden oder lästigzufallen, und um den ich in Sorge sein durfte, weil wir einander vertraut gemacht hatten. Die räumliche Entfernung ließ die Sehnsucht und die Freude auf ein immer neues Wiedersehen nicht sterben; aber sie wurde auch bestanden in der festen Gewißheit, daß die innere Verbundenheit und Intimität bleibt und im geistlichen Tun ihren Ausdruck findet und Gottes Nähe vermittelt.
Sein plötzlicher Tod hat auch diese Freundschaft nach 23 Jahren verwandelt in ein Leben in Gott. Oft spüre ich seine Nähe, und doch wünschte ich mir, seine Stimme zu hören, die ich so oft tröstend und ermutigend wahrnahm. Es brauchte Zeit, bis meine Trauer sich in bleibende Dankbarkeit gewandelt hat.
Ich habe in jenen Jahren gemerkt, daß mein Gebetsleben durch die wunderbare Freundschaft eine große Veränderung erfahren hat. Das Festgehaltenwerden in vorgeschriebenen Gebetsformen wurde abgelöst durch die Erfahrung der ständigen Gegenwart Gottes.
Ohne daß ich es wollte, war ich mit IHM im Gespräch wie mit einem guten Freund. Die innere Freiheit, die ich im Laufe der Jahre gewonnen habe und die mich frei gemacht hat von Karrieredenken und Profitsucht, habe ich auch wohltuend in meinem Gebetsleben erfahren. Es hat sich in meinem Leben erfüllt, was Martin Buber sagt: DU, du, immer nur DU/du ...
Innerhalb der langen Freundschaft gab es eine (Schluß)phase, die wiederum eine eigene Prägung hatte. Die Zeichen und das Bedürfnis nach räumlicher und körperlicher Nähe waren nach und nach gewandelt worden in einem gemeinsamen Warten auf den, der da kommen wird und der immer schon erfahrbar wurde in unserer Freundschaft.

Engel an meinem Leidensweg

Vor über 30 Jahren trat ich in einen caritativen Frauenorden ein. Dies war kein leichter Entschluß! In meiner Familie war ich die heißersehnte Tochter nach der Geburt von vier Jungen. Man erzählte von mir, daß ich das Lieblingskind des Vaters gewesen sei. Als dieser im Krieg umkam (ich war damals 4 Jahre alt, und 10 Jahre, als er offiziell für tot erklärt wurde), fiel mir sehr viel Verantwortung zu. Mutter weckte mich oftmals in der Nacht, um mit mir an die Haustüre zu gehen, als sie glaubte, Vater sei heimgekehrt. Sie teilte mit mir und meiner jüngsten Schwester das Ehebett und entsandte mich, um Streit zwischen meinen Brüdern und den Dorfbewohnern zu schlichten.
Mit 20 Jahren hatte ich meine Ausbildung als Erzieherin mit Erfolg abgeschlossen, und nach einem Jahr Gruppendienst übernahm ich einen neu eröffneten Kindergarten mit 120 Plätzen.
In dieser Zeit machte ich meine ersten Männerbekanntschaften, doch im Herzen spürte ich eine tiefe Sehnsucht, mein Leben Gott zu weihen. So trat ich gegen den Willen meiner Mutter und meiner Geschwister und zum Erstaunen unserer Dorfgemeinschaft – die mich als lebensfrohe junge Frau erlebten – in den Orden ein.
Die ersten Jahre waren geprägt vom Trennungsschmerz der Familie. Das Leid der Mutter wurde zu meinem eigenen Leid, aber in mir blieb die unerschütterliche Hoffnung auf Versöhnung, und so kam es. Am Tag der Ewigen Profeß (nach 7 Jahren) gab Mutter ihr Jawort: »Ich sehe, daß du glücklich bist, dann sollst du meinen Segen haben!«
Diese Jahre waren Jahre des innigen Gebetes, der spürbaren Nähe Gottes, der Zuversicht auf Versöhnung und dem Glauben an die Verheißung: »Wer mir nachfolgt ...« Meine Noviziatsgemeinschaft trug mit mir Freud und Leid. Wir wußten, wir gehören zusammen.
Nach einigen Jahren ordensinternen Einsatzes erinnerte sich meine Generaloberin an meinen Wunsch, mit Kindern und Jugendlichen arbeiten zu dürfen. So sagte ich zunächst ein Ja zum Studium der Sozialpädagogik und ging danach in die Kinder- und Jugendarbeit.
23 Jahre arbeitete ich in einem sozialen Brennpunkt. Die Arbeit forderte mich Tag und Nacht. Mein Ehrgeiz bestand darin, die Arbeit so zu gestalten, daß sie den modernsten Erkenntnissen entsprach. Und dies – so glaube ich – ist mir auch gelungen.

Geliebt als Ordensfrau, geschätzt als Fachfrau und lieben dürfen als Mensch und als Fachfrau, machten alles wett. Es machte mich glücklich, verfügbar sein zu können und gebraucht zu werden.

Die Aussage des nordamerikanischen Psychologen Rolly May, daß das Bedürfnis nach Beziehung, nach Intimität, nach Annahme und Bestärkung gewaltiger sei als nach Sexualität, kann ich für diese Zeit unterstreichen. Ich hatte kein Bedürfnis nach Sexualität. Es kam mir nicht einmal in den Sinn.

Dann kam für mich völlig unerwartet die Abberufung durch meine Ordensleitung. An meiner fachlichen Qualität zweifelte niemand. Auch meine Ordensobern waren über den Erfolg meiner Arbeit voll des Lobes. Jedoch meinten sie, ich sei neben einer erfolgreichen Sozialpädagogin ja auch noch Ordensfrau. Diese Gegenüberstellung: »Fachfrau hier und Ordensfrau dort«, konnte ich nicht nachvollziehen. Welches Bild hatten sie von einer »guten Ordensfrau«? Ich glaubte mit meiner Verfügbarkeit und meinem Handeln aus dem Glauben eine gute Ordensfrau zu sein und dachte die Fachkompetenz in meinem Beruf und die Spiritualtät des Ordenslebens einigermaßen in Einklang gebracht zu haben.

Den Grund meiner Abberufung konnte ich einfach nicht nachvollziehen, und eine neue Aufgabe bekam ich auch nicht. Ordensfrau sollte ich wieder werden!

Alles brach in mir zusammen. Das, was mich bisher hat glücklich sein lassen, sah ich schwinden. Nichts blieb mir! Mit einem Male fühle ich mich arbeitslos, hilflos, heimatlos, entwurzelt. Mir war der Boden unter den Füßen weggezogen. Hoffnungslosigkeit machte sich breit. Jegliche Zukunftsperspektive fehlte. Ich war verzweifelt.

In dieser Situation trat eine Frau in mein Leben. Sie verstand meinen Schmerz. Sie erspürte selbst meine unausgesprochenen Gedanken, sie war einfach da, wenn ich nicht mehr wollte, nicht mehr konnte. Bei ihr konnte ich weinen, ich konnte ihr meine tiefsten Gedanken anvertrauen und selbst meine unausgesprochenen Gedanken erspürte sie. Ich, der es von Kindheitstagen an gewohnt war, für andere dazusein, stark zu sein, machte zum ersten Mal bewußt die Erfahrung, daß nun jemand für mich da war, ohne Berechnung einfach da war, wenn es sein mußte, auch in den Nachtstunden. Anfangs wollte ich auch ihr gegenüber meine Rolle als starke Frau aufrechterhalten, doch sie ließ sich von mir nichts vorspielen. In tiefster Verzweiflung von ihr in den Arm genommen zu werden, loszulassen und sich den Schmerz von der

Seele zu weinen, tat einfach gut. Danach fühlte ich mich ruhiger, und wir verstanden uns im Schweigen. Irgendwann sagte sie einmal: »Als große und starke, aber unnahbare Frau habe ich alle Achtung vor dir gehabt, doch als ich dich verzweifelt und hilflos sah, habe ich dich liebgewonnen«.

Meine Mitschwestern hatten bei meiner Abberufung kräftig mitgewirkt. So fühlte ich mich auch da im Stich gelassen. In meiner Dienstgemeinschaft mußte ich privat und dienstlich trennen. Hier blieb ich die Chefin bis zuletzt, obwohl mein Stellvertreter schon als mein Nachfolger ernannt war. Enttäuschungen und Verwundungen wurden zwar artikuliert und rational angegangen, doch ließ ich mir hier für Emotionen wenig Raum.

Um so mehr wuchs das Bedürfnis des Verstandenwerdens und das Bedürfnis nach Annahme und Nähe. Es tat mir gut, wenn diese Frau mich in den Arm nahm und ich mich fallenlassen konnte. In all meiner Verzweiflung zu wissen, hier ist eine Frau, die dich liebhat und die es durch Verstehen und Zärtlichkeit auch zeigt. Alsbald stellte ich auch bei mir fest, daß ich viel für diese Frau, die mir Freundin geworden war, empfand.

Dieses Gefühl verwirrte mich. Es machte mich einerseits dankbar und glücklich, doch gleichzeitig bereitete es mir ein schlechtes Gewissen. Meine einzige Liebe soll doch meine Liebe zu Gott sein! Was hatte ich einmal gelobt? Wie ist dies mit der einzigen Liebe und dem eifersüchtigen Gott? Hatte ich das Bild des strafenden Gottes vor mir, entdeckte ich selbst, daß ich die Augen schloß, während ich dennoch Zärtlichkeit und Nähe wohltuend, ja heilend empfand. Am nächsten Tag war ich unfähig, in der hl. Messe die hl. Kommunion zu empfangen.

Fühlte ich mich schuldbeladen, hatte aber danach das Bild des gütigen Gottes in mir, so ging ich zur Beichte, warf alles »ins Meer der Ewigkeit« und empfand eine so große Liebe zu Gott, wie ich sie in all der Zeit nicht mehr verspürte. Einerseits bereute und andererseits dankte ich für die menschliche Erfahrung und schenkte mich ihm neu.

Dann schaute ich mir Jesus an. Hatte ich diesen Jesus vor Augen, der die Menschen berührt, bevor er mit ihnen redet, konnte ich die Nähe zulassen, als heilend erfahren, und ich spürte in mir eine große Dankbarkeit.

»Bei Jesus sehen wir sehr oft, wie er Menschen berührt, bevor er mit ihnen redet. Diese Berührung scheint ein besonderer Zugang zu ihrer Welt und zu ihrem Schmerz zu haben. Oft hat ihn das in die Gemeinschaft mit den Aussätzigen gebracht und ihn damit von der bürgerlichen Gesellschaft ausgeschlossen. Immer

berührt Jesus die Menschen. Er nimmt die Kinder in den Arm – und die Leute sind schockiert.
Thomas möchte sich lieber mit Jesus intellektuell auseinandersetzen, aber Jesus sagt zu ihm: ›Thomas, komm und rühr mich an, und zwar nicht an meinen heilen Stellen, sondern an meinen Wunden. Leg deine Finger in meine Wunden und in meine Seite!‹« (R. Rohr)
In einem Kalender las ich am 13. 12.: »In der Bergpredigt sagt Jesus, es gebe drei Haupthindernisse für das Kommen des Reiches Gottes: die Macht, das Ansehen und die Besitztümer. Neun Zehntel lassen sich in eine dieser Sparten einordnen. Ich hätte auf die Sexmoral getippt, aber Jesus sagt nicht, daß es darum gehe. Nein, er behauptet, die Dirnen kämen eher ins Reich Gottes als viele von uns, die mit Macht, Ansehen und Besitztümern geschlafen haben.«
Nach diesen biblischen Betrachtungen fragte ich mich dann, warum ist mein Körper mit so vielen unwürdigen Gefühlen und Emotionen belastet? Wie undankbar bin ich meiner Freundin gegenüber, die mich selbstlos trösten will und der ich mich entziehe? Denn diese Zerrissenheit übertrug sich auf die Beziehung. Wenn wir uns trafen, wußte sie nie, was sie erwartete. Mal traf sie mich als distanzierte Schwester an, die keine Nähe zuließ, mal traf sie mich als ihre Freundin an, die Nähe und Zärtlichkeit brauchte und wollte. In vielen Gesprächen zeigte sich, daß ich Erfahrungen, die nicht in mein Bild als »gute Ordensfrau« paßten, einfach verdrängte. Ich konnte mich an manche Situationen einfach nicht mehr erinnern und ließ sie mir von ihr erzählen, staunend darüber, daß ich sie erlebt haben sollte. Das machte uns beide traurig.
Richard Rohr meint in einem seiner Bücher: »Vielleicht ist es einer der Gründe, warum das Christentum so viel Kraft und Vollmacht eingebüßt hat, daß wir nicht mehr an Heilung glauben. Und vielleicht glauben wir deswegen nicht mehr an Heilung, weil wir uns vor Berührung fürchten.«
Ich bin dankbar, daß ich diese Frau zur Freundin habe, die in dem Augenblick in mein Leben trat, als ich am Boden zerstört war, und die mich Heilung durch Berührung erfahren ließ.
Würde ich ein Buch über diese Zeit schreiben, bekäme es den Titel »Engel an meinem Leidensweg«, und ich danke dem guten Gott für diesen Engel, den er mir an die Seite gestellt hat, vielleicht um mich vor Schlimmerem zu bewahren. Denn das Spiel mit dem Gedanken, mir das Leben zu nehmen, war mir in dieser Zeit nach meiner Abberufung durchaus nicht fremd.

Dankbar für die Erfahrung einer intensiven Beziehung

Eine Ordensfrau berichtet:

Als M. und ich uns kennenlernten, arbeitete ich in einem spirituellen Zentrum. Ich war 21 Jahre, M. 29 J. und Spiritual in einem Internat. Da ich in vielen Bereichen, besonders aber in der Begleitung einer jungen Frau, die zu einem Priester ein Verhältnis hatte, maßlos überfordert war, bat ich M. um Hilfe und auch um eine persönliche geistliche Begleitung für mich.
Auch privat tat sich in dieser Zeit sehr viel bei mir. So war es nicht verwunderlich, daß die Beziehung zu M. wuchs, geistlich, aber auch menschlich.
In dieser Zeit entstand in mir der Gedanke an eine Ordensgemeinschaft. Dieser Gedanke erschreckte mich, er ließ mich aber auch nicht mehr los. Monate später erzählte ich M. davon in der Hoffnung, daß er diese Gedanken als Spinnerei abtut. Er nahm jedoch mein Ringen und mein Suchen ernst.
Aber auch etwas anderes wuchs in dieser Zeit. Ich kann mich noch gut an das Erschrecken erinnern, als M. erstmals meine Hand ergriff. Nachdem wir deutlich spürten, daß sich in unserer Beziehung etwas Neues entwickelte, sprachen wir ganz offen über diese neue gemeinsame Erfahrung. Es war kein Abtöten, kein Verdrängen, unsere Liebe zueinander wurde uns deutlich, aber es wurde uns auch bewußt, daß wir gut und sensibel mit dieser Liebe umgehen mußten.
Die Zeit bis zu meinem Eintritt in die Schwesterngemeinschaft war nicht einfach. In diesem Jahr gab es viele Auf und Ab, doch meine Entscheidung blieb auch da noch, als M. mir mitteilte, daß unsere Beziehung, auch die geistliche Begleitung abgebrochen werden muß. Dies war für mich ein sehr harter Schlag.
Doch es kam wieder einmal alles anders. Meine Schwesterngemeinschaft hatte nichts dagegen, daß M. mich besuchen kam. Ich hatte meiner Noviziatsleiterin von unserer Freundschaft erzählt.
Auch hat sich die Art der geistlichen Begleitung total verändert. Früher war M. eindeutig mein geistlicher Begleiter, nun hatte es sich zu einer gegenseitigen Begleitung hin entwickelt. Trotz dieser geistlichen Entwicklung, trotz der großen räumlichen Entfernung hat sich die körperliche Anziehung nicht verringert,

eher im Gegenteil, durch die großen Zeitabstände ist es intensiver geworden, sind wir freier und großzügiger geworden.
Diese körperliche Nähe tat gut, machte aber nicht die Hauptsache in unserer Freundschaft aus. Besonders wichtig war uns das Gespräch über unsere Gefühle, über die Form, wie wir unsere Freundschaft, aber auch unsere geistliche Lebensform echt und wahrhaftig leben konnten. Es war nicht mehr das große Erschrecken wie nach dem ersten »Händchen halten«, trotz der größeren Intensität ist es ehrlicher geworden. Die körperliche Zuneigung war wichtig, aber sie war nicht das wichtigste in unserer Beziehung.
Eines wurde mir aber immer deutlicher. Als M. vor meinem Eintritt die Lösung unserer Beziehung forderte, gab ich ein freies Ja. Dieses Ja wurde bis jetzt noch nicht eingelöst.
Durch eine tiefgreifende Veränderung, die M. bevorstand, schien nun dieses Ja eingefordert zu werden. Dieses Ja tat immer noch weh, es war für mich aber keine Frage mehr, daß ich ihn ganz freigeben werde.
In dieser Zeit half mir ganz besonders die Offenheit einiger Mitschwestern. Ich/wir brauchten uns nicht zu verstecken, im Gegenteil, es wurde uns sehr viel Vertrauen entgegengebracht.
Nach gut zwei Monaten war M. wieder da. Die große Veränderung war nicht sein Weg, und doch hatte dieser »Auszug« unsere Beziehung verändert. Dieses zweite Ja wurde eingelöst.
Unsere Freundschaft ist geblieben, wir telefonieren manchmal, besuchen uns gegenseitig, führen Gespräche, ringen in verschiedenen Ansichten miteinander, doch die körperliche Anziehung, ja zum Teil Abhängigkeit, ist weg.
Ich für meinen Teil bin für diese Entwicklung sehr dankbar. Ich fühle mich freier, bin als Frau und als Schwester gereift.
Ich bin aber auch sehr dankbar für diese Erfahrung, daß eine so intensive Beziehung zwischen uns möglich war, daß es möglich war, uns gegenseitig den Weg weitergehen zu lassen.
Besonders wichtig war für mich die Freiheit und das Vertrauen, das uns von meiner Gemeinschaft entgegengebracht wurde.

5. KAPITEL

EINS SEIN MIT GOTT

Meine intimste Beziehung ist die zu Gott

Als Ordensfrau, erst recht eines klausurierten Ordens, habe ich auf Intimität verzichtet – so denken wohl die meisten, und so höre ich es oft, wenn ich mit Gästen, insbesondere mit Jugendlichen, ins Gespräch komme. – Weit gefehlt! kann ich dazu nur sagen.
Wie viele andere, so sehne auch ich mich nach Intimität; ich möchte sie nicht nur zulassen, sondern sie empfangen und schenken. Das Gefühl von Nähe, Vertrautheit, Innigkeit, das Gefühl, das von Herz zu Herz geht mit anderen Menschen und mit Gott, ist mir immer wichtiger geworden – lebenswichtig. Aber ich habe es gelernt, gerne einmal mit mir allein zu sein, bei mir selber »zu Hause« zu sein und zu genießen, daß Gott mich so wunderbar geschaffen hat.
Als Ordensfrau habe ich einen bestimmten Lebensstil gewählt; er eröffnet mir viele Möglichkeiten, Intimität zu leben, aber er setzt ihr auch Grenzen. Auf Grund des Gelübdes der Keuschheit und des Zölibats habe ich auf die Nähe eines geliebten Partners, auf die tiefste und tiefgreifendste Begegnung von Menschen, auf die Begegnung zwischen Mann und Frau wie auch auf eine Familie verzichtet. Dieser Verzicht ist nicht einmal für immer geleistet, ich spüre ihn immer wieder, mal mehr, mal weniger heftig, z.B. dann, wenn mich ein befreundetes Ehepaar besucht, das sehr glücklich miteinander lebt, oder auch dann, wenn ich nach einem anstrengenden Tag, an dem ich Ärger und Enttäuschung erfuhr, müde in mein Zimmer komme. Wie sehr wünsche ich mir da manchmal einen Partner, der mich in die Arme nimmt und mich tröstet! Gerade dann fällt es mir schwer und wird mir bewußt, was es heißt, auf ganzheitliche Intimität, eingebunden in die körperliche Intimität zu verzichten. Für mich inbegriffen ist da auch der Verzicht auf Phantasien und Selbstbefriedigung, – so gut es geht jedenfalls.
Als mir bewußt wurde, das das Zölibat keine Theorie ist, kein »Problem«, für das ich eine Lösung suchen muß, sondern daß ich den Verzicht auf genitale Sexualität durchschreiten, durchleben und durchleiden muß, bedeutete die Annahme dieses durchaus spürbaren »Leidens« für mich eine große Befreiung; sie öffnete mir den Weg zu neuer, gelöster Vertrautheit mit Gott und den Menschen. Ich bejahe für mich die Keuschheit und das Zölibat, nicht um Liebe zu unterdrücken und zu ignorieren, sondern um

sie zu erfüllen und zu verwirklichen. Es ist Liebe, konkret gelebt in der Liebe zum Nächsten, in Gott und auf Gott hin.
Für mich als Ordensfrau gilt es, diese Liebe zuallererst im Rahmen der Gemeinschaft zu verwirklichen.
Es mag erstaunen, wenn ich hier einschiebe, wie wichtig mir eine »wohltemperierte« Distanz zueinander ist. Es beginnt damit, Zeit und Raum für einander zuzulassen: Zeiten, in denen ich nach Möglichkeit ungestört bleibe, die ich nutzen kann für die Lectio divina und das Studium, aber auch Zeiten der Muße zum Spazierengehen, zum Malen oder Musizieren; einen Raum, den ich so gestalten kann, daß ich mich darin richtig wohlfühle, daß ich darin zu Hause bin.
Im Umgang miteinander, so konnte ich die Erfahrung machen, ist es nicht die »Verschmelzung«, gleiche Meinung, gleiche Interessen etc., die Nähe, Intimität schafft, sondern vielmehr der Raum für das Ich-Selber- bzw. Du-Selber-Sein, den wir einander gewähren. Es fordert den Respekt vor dem Anderssein der Schwester, davor, daß sie so ist und so sein darf, die Frühaufsteherin wie die Perfektionistin oder der Künstlertyp. So weiß ich, daß auch ich mit meinen großen und kleinen Extras angenommen bin.
So war folgendes eine meiner wichtigsten Erfahrungen: Als ich, über eine Schwester erregt, vor Wut platzte, traf dies zwar nicht auf Zustimmung, aber – allzu menschlich – durfte sie sein. Ich war in meiner Schwäche angenommen, und mir ist vergeben. Die Ehrfurcht, die andere so sein zu lassen, wie sie ist, schenkt eine große Freiheit im Umgang miteinander. Auch wenn ich zugeben muß, daß es mir manchmal schwerfällt, diesen Respekt zu gewähren, es mich unsicher macht, mich ärgert oder meine Eifersucht weckt, daß diese Schwester anders denkt, anders empfindet, anders ist als ich, so eröffnet uns dieser Respekt letztlich doch die Möglichkeit, uns tiefer zu begegnen, uns gegenseitig einander zu schenken.
Für mich beginnt eine Begegnung damit, den anderen anzusehen, mit dem Blick Kontakt aufzunehmen. In unserer Gemeinschaft sprechen wir viel mit den Augen, schauen uns oft an, lesen im Gesicht der anderen, um uns oft sprachlos zu verstehen. Es ist schön, morgens im Chor zu stehen und ein aufmunterndes Lächeln von der Schwester gegenüber zu empfangen, aber durchaus genauso schön, einen sorgenvollen Blick zu erwidern. Es ist die Aufmerksamkeit der anderen, daß sie mir zeigt, ich bin ihr wichtig im täglichen Leben. Es hilft mir, mich in dieser Gemeinschaft wohl und zu Hause zu fühlen.
Nach einer Zeit der Abwesenheit sehne ich mich zurück in die

Gemeinschaft. Ich freue mich darauf, nach Hause zurückzukehren, meine Schwestern herzlich zu umarmen und einander zu erzählen, wie es uns zwischenzeitlich ergangen ist. Es fehlt bei uns nicht an den fühlbaren Zeichen der Zuneigung, eine herzliche Begrüßung beim Wiedersehen, eine herzliche, spontane Umarmung der Freude, das Ausweinen an der Schulter der anderen oder einfach auch die Hände einer kranken, bettlägrigen oder alten Schwester zu halten.

Regel und Observanz sind Wegweiser auf der Suche nach Gott, wichtige Übereinkünfte für unser Gemeinschaftsleben. Aber sie sind nicht Ziel an sich; was zählt, ist die Liebe zueinander. Als vor einiger Zeit ein guter Freund ganz plötzlich verstorben war und ich nach einer schlaflosen Nacht früh morgens ins Refektorium kam, fragte mich eine Schwester: »Du hast nicht schlafen können, nicht wahr?« und schüttete mir dazu ein Tasse frisch aufgebrühten Kaffee ein. Fürsorge und echtes Mitleid erkannte ich darin, wobei sie auch die Regel des nächtlichen Schweigens brach.

Viel von dem, was ich bisher sagte, geschieht als Zeichen: Es gilt die Zeichen zu setzen. Dazu müssen sie natürlich eindeutig sein, und ich muß offen sein, diese Zeichen zu erkennen, sie verstehen wollen. Eindeutiger sind da oft die Worte.

Mir liegt im Verhältnis zueinander an einem Klima der Echtheit und der Transparenz. Es sind nicht die schönen Worte, die Schmeicheleien, dic weiterhelfen, sondern die Aufrichtigkeit, die darauf basiert, daß die andere es gut mit mir meint. Nähe kann weh tun, wenn ich Kritik erfahre und mit meinen Schwächen konfrontiert werde. Mag ich mich auch zunächst dagegen wehren, sie als Unrecht empfinden, so wird mir damit doch ein großer, letztlich von der Liebe getragener Dienst erwiesen. Er ist allerdings wiederum nur möglich, wenn ich mich mit meiner Schwäche angenommen weiß, nichts verbergen muß, um eine schöne, jedoch trügerische Fassade zu wahren, hinter der ich aber nicht ich selber bin, hinter der ich letztlich nicht leben kann.

In einer anderen Gemeinschaft habe ich die Erfahrung machen müssen, daß ich mich gegen jede Kritik schützte, weil ich mich nicht angenommen fühlte, sie als Angriff empfand und nicht als Hilfe. Ich mußte zudem zu meinem größten Schmerz feststellen, daß dies auf Gegenseitigkeit beruhte; eine Aussprache, ein Sich-näher-Kommen, erst recht Vertrautheit oder Intimität war nicht möglich – und ich sehnte mich so sehr danach. Die Atmosphäre untereinander in der Gemeinschaft war eisig (so eisig, daß ich

selbst im Hochsommer eine Wärmflasche im Bett für meine kalten Füße brauchte), das Miteinander-Leben war erstarrt.
Vielleicht ist es nicht unwichtig, darauf aufmerksam zu machen, daß die Gemeinschaft auch als ganze dazu aufgerufen ist, anderen gegenüber Nähe, Anerkennung und Intimität zu schenken. Ich denke da besonders an den Empfang der Gäste und den Umgang mit den Mitarbeitern, der so sein sollte, daß sie sich in unserer Gemeinschaft, in unserer Atmosphäre, in der Weise, wie wir miteinander umgehen, wohl fühlen können. Und Gott weiß, wie sehr Gäste spüren, ob es bei uns »stimmt« oder ob wir ihnen etwas vorspielen. Als Glied der Gemeinschaft fühle ich mich aufgerufen, jedem Gast, jedem Touristen und jedem Fremden, während er bei uns ist, Aufmerksamkeit, Annahme und Bestärkung zu schenken.
Diese in der Gemeinschaft und gemeinschaftlich erfahrene und geschenkte Intimität wird ergänzt durch persönliche, mir ganz wichtige Beziehungen innerhalb und außerhalb der Gemeinschaft.
Innerhalb der Gemeinschaft denke ich vor allem an meine Beziehung zur Priorin. Als meine Vorgesetzte ist das Verhältnis zu ihr einmal von daher beeinflußt, aber es geht weit darüber hinaus. Im Gespräch miteinander gibt es kein Thema, das tabu wäre. Mit wachsendem Vertrauen spreche ich über alles, was mich bewegt, angefangen von meinen Freuden, über meine Probleme bis hin zu meinen Sorgen und Ängsten. Sie weiß um meine intimsten Wünsche, meine Ziele, meine Vorstellungen, sie kennt mein Bemühen und mein Versagen. Ich kann bei ihr die Schatzkammer meines Herzens weit öffnen und erfahre dabei, daß mir nichts genommen wird, sondern ich in dieser Begegnung noch mehr bereichert werde. So kann ich auch von dem sprechen, was mir das Wichtigste in meinem Leben ist: mein Suchen nach Gott und mein Ringen im Gebet. Auf dieser Basis, mit dieser Sprache, die von Herz zu Herz geht, überlegt sie mit mir, bestärkt sie mich, korrigiert und hilft mir zu entscheiden. Wenn die Situation es ergibt, die Reue piekst oder ich mich zu etwas wirklich durchringen muß, dann dürfen auch die Tränen fließen; ihre Nähe, ihren Beistand läßt sie mich durch eine wohltuende Geste fühlen. Mit ihrer Hilfe bekommt der Alltag, so oft als grau bezeichnet, Farbe.
Außerhalb der Gemeinschaft möchte ich die Freundschaft mit einem Priester erwähnen, die mir in all den Jahren immer bedeutungsvoller wurde. Auf ein wenn auch sehr seltenes Treffen freue ich mich tagelang im voraus. Wir begrüßen uns mit einer

freudigen Umarmung, und es tut mir gut, für einige Momente an seiner Schulter lehnen zu können; es ist ein Moment des Ausruhens, des Friedens. Wir können miteinander von dem sprechen, was sonst keiner erfährt, von den tiefsten Gefühlen, den Freuden wie den Schmerzen, meiner Gottsuche, meiner Beziehung zu Gott und meiner Liebe zu Ihm. Es sind Gedanken und Gefühle, die ich von ihm geschützt weiß, weil sie so persönlich, so mit meinem Wesen verhaftet sind, daß ich eben da auch besonders verletzlich bin.

So ist es unendlich wertvoll, Menschen zu haben, bei denen diese Dinge aufgehoben sind, die sie nicht vergessen, sondern die sie aus Interesse an mir reflektieren und damit umgehen, ohne sie jedoch an andere weiterzutragen. Aber auch ich bewahre die Anliegen meiner Mitmenschen in meinem Herzen. Ihre Freuden und ihren Schmerz trage ich im Gebet vor Gott hin und bleibe so in meinem Innersten mit ihnen tief verbunden.

Meine tiefste Erfahrung und intimste Beziehung ist die zu Gott. Ihn suche ich täglich im Gebet, dem persönlichen wie dem gemeinschaftlichen, in den Sakramenten und in jedem Menschen, der mir begegnet. Von ihm weiß ich mich jeden *Augen*-blick angeschaut, der Blick von Eltern auf ihr Kind, der Blick des Schöpfers auf seine Kreatur. Von ihm bin ich getragen, ich weiß mich unter seinem Schutz. Gefühlsmäßig läßt sich das nicht immer nachvollziehen. Aber es gibt sie, diese Momente tiefsten Glücks, größter Seligkeit, die mich zu zerreißen drohen – im Gebet, beim Empfang der Sakramente oder bei der Schriftlesung. Ich denke da zum Beispiel an den Text Jesaja 43,4: »Weil du in meinen Augen teuer und wertvoll bist und weil ich dich liebe ...« Er traf mich in einem schwierigen Augenblick meines Lebens, voll Kummer, Schmerz und Traurigkeit; es war wunderbar, durch die Aussage dieses Textes wieder aufgerichtet zu werden. In Tagen, wo mir das Beten schwerfällt, wo ich mich nach einer Gottesbegegnung sehne und dieses Sehnen anscheinend ohne Antwort bleibt, lese ich in diesen Texten und erinnere mich, wie sehr sie mir halfen, im Vertrauen darauf, daß sie auch ein weiteres Mal helfen werden. Inzwischen habe ich ein ganzes Repertoire solcher Texte angesammelt.

In meiner Beziehung zu Gott nimmt das morgendliche persönliche Gebet vor der Laudes einen ganz besonders wichtigen Platz ein. Den ganzen Tag über kann ich mich auf diese Momente wie auf Gelesenes rückbesinnen, und wenn es nur für Sekunden ist: ein Aufrichten bei der Arbeit, ein kurzes Stück Weg oder ein Moment des Wartens. Jeder ist ein Sich-bewußt-Werden der Gegenwart Gottes.

Auch in der Begegnung mit andern Menschen wird mir manchmal Gottes Nähe bewußt; als sein Mittler tragen sie Gottes Botschaft weiter. Gott macht sich uns so erfahrbar und wartet auf unsere Antwort. Sie ist für mich das selige Zulassen, daß Gott mich mehr liebt, als es meinen Vorstellungen entspricht, und anders liebt, als ich es denke. Diese Liebe gilt es täglich neu zu entdecken, und darin finde ich dann ebenso Wärme, Nähe, Freude, Geborgenheit und Friede, wie Menschen, die miteinander innig verbunden leben.

Ich möchte in der großen Sinfonie der Liebe Gottes eine kleine Melodie sein

»Für den Menschen ist das Bedürfnis nach Beziehung, nach Intimität, nach Annahme und Bestärkung gewaltiger als nach Sexualität für sich.« In diesem Wort von Rollo May ist für mich das ausgesagt, was ich selber empfinde. Ich bin eine Ordensfrau, Mitte vierzig und gehöre seit 26 Jahren zu einer karitativ tätigen Gemeinschaft. Durch einen vorgeburtlichen Wirbelschaden bin ich von Kindheit an gehbehindert und leide an einer Blasenfunktionsstörung. Ich stelle diese Angaben zu meiner Person an den Anfang meines Erfahrungsberichtes, weil mein Leben, mein Leben mit Gott nur auf diesem Hintergrund zu verstehen ist.

Meine Erfahrung von Intimität in Kindheit und Jugend

In meiner Familie, in der ich mit vier Brüdern aufwuchs, fühlte ich mich selbstverständlich angenommen. Dennoch muß ich rückblickend feststellen, daß ich in meiner Kindheit und Jugend so gut wie keine Intimität im Sinne von Zärtlichkeit und emotionaler Wärme erfahren habe. Die ersten drei Monate meines Lebens verbrachte ich in einer Klinik, in der es – wie damals in den Krankenhäusern üblich – meiner Mutter untersagt war, bei ihren Besuchen Körperkontakt mit mir aufzunehmen. Sie durfte mich nur durch eine Glasscheibe sehen.
Ich vermute, daß das kühle Verhältnis zwischen meiner Mutter und mir hier seine Wurzeln hat. Meine Mutter hat alles, was in ihrer Kraft stand, für mich getan. Darüber hinaus aber fehlte der Freiraum für eine innige Mutter-Kind-Beziehung. Unser Verhältnis war geprägt von Schuldgefühlen (Ich bin schließlich die, die dich so geboren hat!) und Verantwortungsbewußtsein auf seiten meiner Mutter und von geschuldeter Dankbarkeit auf meiner Seite. Sicherlich bestmeinend – im Hinblick auf meine Behinderung – hat sie es verstanden, ein Negativbild von Ehe in mir aufzubauen und mich vom »anderen Geschlecht« fernzuhalten. Sie hat mich aber auch mit allen Fragen, die ich als junges Mädchen zum Thema »Sexualität, Liebe und Ehe« hatte, alleingelassen. Aufgrund meiner körperlichen Situation und verstärkt durch

meine Erziehung habe ich ein gestörtes Verhältnis zur *genitalen* Sexualität. Ich habe meine Sexualität seit meiner Pubertät nahezu 30 Jahre lang verdrängt, was dazu führte, daß sie sich immer wieder in Wach- und Tagträumen Bahn brach, was wiederum meine Beziehung zu Gott gerade im Hinblick auf mein Leben in eheloser Keuschheit stark belastet hat. Diese Belastung führte zu einer negativen Fixierung auf meine Sexualität: Ich wollte die Phantasien loswerden; aber je mehr ich darum rang, um so schlimmer wurden sie, desto mehr belasteten sie mein Verhältnis zu Gott.
Seit einer Therapie gelingt es mir mehr und mehr, meine Sexualität, auch mein gestörtes Verhältnis zur genitalen Sexualität, als zu mir gehörend anzunehmen. Damit hat die negative Fixierung mit ihren Auswirkungen auf meine Phantasie weitgehend aufgehört.

Meine Erfahrung von Intimität in Beziehungen seit meinem Ordenseintritt

Nach meinem Ordenseintritt entwickelte sich schon bald eine tiefe Beziehung zu einer 16 Jahre älteren Mitschwester, die mir mehr und mehr zur »großen Schwester« wurde, mit der ich über alles sprechen konnte und heute noch kann. Ich fühlte mich von ihr unendlich beschenkt; aber es war ein langer Weg, bis ich nicht nur mit dem Kopf, sondern vor allem mit dem Herzen »begriff«, daß sie sich nicht aus Verantwortung meiner annahm, sondern daß ich ihr viel bedeutete; daß es auch für sie beglückend war, meine Zuneigung und Liebe zu erfahren. Zu tief hatte sich in mein Inneres das Bewußtsein eingegraben, daß ich eine Zumutung und nicht liebenswert bin.
Ich durfte in unserer Beziehung zum ersten Mal die Seligkeit des Angenommenseins in einer warmen, herzlichen Umarmung erfahren. Da ich diese Freundschaft als etwas so Beglückendes erlebte – gerade auf dem Hintergrund dessen, was ich bis dahin entbehrt hatte –, tat ich alles, um diese Beziehung lebendig zu erhalten, was zu einer starken, inneren Abhängigkeit von meiner Mitschwester führte.
Es gab in unserer Beziehung beide Elemente: Auf der einen Seite förderte sie meine Gottesbeziehung. Unsere Begegnungen hatten die größte Tiefe und Dichte, wenn wir miteinander beteten oder einen Schrifttext meditierten. Es gab Zeiten, da war die Freude an Gott, die Freude über unsere Berufung das Thema unseres Zu-

sammenseins. Meine Abhängigkeit von ihr behinderte aber auch zeitweise mein Leben mit Gott, wenn ich z. B. aus Angst, sie vor den Kopf zu stoßen und sie zu verlieren, nicht den Mut und die Freiheit hatte, ihr zu sagen, daß ich z. B. an diesem Abend einmal lieber in die Kapelle gehen wollte, statt mit ihr zusammenzusein. Es war ein langer und mühevoller Weg, mich aus dieser Abhängigkeit zu lösen; zu lange hatte ich ja in meinem Verhältnis zu meiner Mutter erfahren, daß ich Zuwendung nur erhielt, wenn ich mich angepaßt verhielt. In dem Maß, wie ich mit meinen eigenen Werten in Berührung kam, gelang es mir, in unserer Freundschaft zur Partnerin zu werden.
Nach Jahren wurde mir dann noch eine zweite tiefe Beziehung geschenkt. Ich begegnete einem Ordenspriester als Exerzitienbegleiter und spürte schon nach wenigen Tagen: Das ist der Begleiter, den ich seit Jahren suchte und um den ich gebetet hatte. Er willigte in meine Bitte ein und wurde mein geistlicher Begleiter. Auch in dieser Beziehung geriet ich zeitweise in eine Abhängigkeit. Ich hielt mich z. B. mit meiner Meinung zurück, wenn ich spürte, daß wir in einer Sache unterschiedliche Auffassungen hatten. Ich wollte die tiefe Verbundenheit zwischen uns, die in einer tiefen, auf Christus ausgerichteten Spiritualität wurzelt, um *keinen Preis* gefährden.
Ich wurde eifersüchtig, als ich spürte, daß er auch einigen meiner Mitschwestern viel bedeutete. Langsam lernte ich, meine Erwartungen an unsere Beziehung zur Sprache zu bringen, und machte die schmerzliche Erfahrung, unerfüllbare Erwartungen zurücknehmen zu müssen, die dann z. T. auch in meine Phantasien abdrifteten. Je sicherer ich unserer Freundschaft wurde, desto mehr fand ich den Mut, auch diese Erfahrung in unsere Gespräche einzubringen, und durfte erleben, daß daran unsere Beziehung nicht zerbrach. Inzwischen kann ich meinem geistlichen Bruder und Weggefährten unbefangen und in echt geschwisterlicher Weise begegnen.
In beiden Beziehungen – mit meiner Mitschwester und meinem geistlichen Begleiter – bin ich mit meiner Sexualität in Berührung gekommen, mit dem elementaren Bedürfnis, die geistig-seelische Harmonie auch in der Körpersprache schenken und erfahren zu dürfen im Austausch von Zärtlichkeit. Sowohl meine Mitschwester als auch mein geistlicher Begleiter sind frei von Angst mit meiner Sehnsucht umgegangen und haben mir geholfen, meine Erwartungen so weit zurückzunehmen, daß sie die Grenzen unserer frei gewählten Lebensform nicht sprengten. Beide Beziehungen haben durch diesen Prozeß nicht an Tiefe und

Innigkeit verloren, sondern ich darf in beiden Freundschaften das Glück im Geben und Nehmen von zärtlicher Nähe und bedingungsloser Annahme erfahren.
Bei einem Kurs bin ich auf ganz neue Weise mit meinem Frau-Sein in Berührung gekommen. Ich habe auch hier meine Neigung zur Abhängigkeit von einem Menschen erfahren, der mir lieb geworden war; ich bin mit meiner Neigung zur Eifersucht konfrontiert worden; ich durfte mich aber auch zum ersten Mal in meinem Leben als gleichwertige Frau erleben. Der geschwisterlich unbefangene Umgang miteinander und die Partnerübungen waren eine Bereicherung für mich. In einer Atmosphäre, die von dem Gedanken geprägt war: »Hier darf alles sein!« konnte ich meine Ängste und Unsicherheiten im Umgang mit Männern abbauen. Zum ersten Mal in meinem Leben konnte ich meine Sehnsucht zulassen, mich als Frau in meinem durch die Wachstumsstörungen und die vielen Operationsnarben verunstalteten Leib begehrens- und liebenswert erfahren zu dürfen.

Meine Erfahrung von Intimität in meiner Gottes- und Christusbeziehung

Schon seit meiner Kindheit erfahre ich das Geschenk einer tiefen Gottes- und Christusbeziehung. In die Vorbereitungszeit auf meine Erstkommunion fällt ein Gespräch mit meiner Mutter, in dem sie mir einen Satz aus einem Gespräch mit ihrem Vater anvertraute: »Gott sucht sich immer wieder Menschen, die das Leiden seines Sohnes in ihrem Leben weitertragen.« Dieser Gedanke prägt seitdem mein Leben. Das Bewußtsein, teilhaben zu dürfen am erlösenden Leiden Jesu, gab mir Kraft, die leidvollen Jahre nach einer mißglückten Operation – ich war damals zwölf Jahre alt – bis zu meinem Ordenseintritt durchzutragen.
Ich erinnere mich an eine Begebenheit am Karfreitag vor meiner Erstkommunion. In unserer Diasporakirche wurde keine Karfreitagsliturgie gefeiert. So entschloß ich mich, alleine um 15 Uhr in die Kirche zu gehen, sorgsam darauf bedacht, von meinen Brüdern nicht gesehen zu werden. Warum wäre es mir so peinlich gewesen, wenn meine Brüder mich gesehen hätten und das am Familientisch erzählt hätten? Dieser heimliche Besuch in unserer Dorfkirche war für mich wie ein Rendezvouz, bei dem ich von niemandem beobachtet werden wollte.
Meine innige, ja bräutliche Christusbeziehung erfuhr im Novi-

ziat – in der Zeit des Umbruchs nach dem Konzil – eine schmerzliche Ernüchterung. Mitschwestern aus dem Noviziat machten mir mit der Bemerkung: »Jetzt hebt sie wieder ab!« deutlich, daß sie mich für einen Schwarmgeist hielten. Das traf mich sehr und verunsicherte mich lange. Manches Schöne in mir ging zu Bruch. Seitdem ich dazu ermutigt worden bin, meinem Innersten, meinen Gefühlen, meinen intuitiven Kräften zu trauen, seitdem ich wieder stärker mit meinen eigenen Werten, mit den Werten meiner Berufung in Berührung bin, weiß ich, daß meine frühen Christus- und Gotteserfahrungen keine Schwärmerei waren; dafür hatte ich schon zu viele leidvolle Erfahrungen hinter mir. Als mir das bewußt wurde, empfand ich Trauer und Zorn darüber, daß zunächst manches verlorengehen mußte. Inzwischen kann ich dieses Erlebnis der Verunsicherung als eine Stufe im Reifungsprozeß meines Lebens annehmen.
Durch meine Versetzung innerhalb meiner Ordensgemeinschaft ist mein Leben entschieden zum Positiven verändert worden. Nach einer Lebensphase, die stark davon geprägt war, mich gerade als Behinderte bewähren und beweisen zu müssen, gibt es jetzt wieder Freiräume in meinem Leben, die ich als Geschenk annehme, die Intimität in meiner Gottes- und Christusbeziehung ermöglichen. So mache ich die Erfahrung, daß ich in dem Maße zu mir selbst finde und zu meiner Berufung komme, wie ich dieser Intimität mit Gott, mit Christus Raum gebe.

Intimität mir selbst gegenüber

Darunter verstehe ich den je neuen Versuch, mich selber als mir von Gott aufgegeben anzunehmen. Ich meine damit den guten, ja liebe-vollen Umgang mit mir selbst. Dazu gehört für mich, daß ich mich selber wahr-nehme, ernst nehme mit meinen Stärken und Schwächen, mit den Gaben, die Gott mir geschenkt hat. Daß ich in Kontakt bin mit meinen Werten und mich daran dankbar freue. Daß ich die Möglichkeiten, die in mir angelegt sind, mit der Gnade Gottes auch entfalte. Daß ich mich immer wieder einmal mir selber gönne und offen bin für das Schöne in meinem Leben. Zur Intimität mir selbst gegenüber gehört für mich auch, daß ich mir selber gegenüber ehrlich bin, aber auch barmherzig umgehe mit mir, mit meinen Grenzen und mit meinen Fehlern.

Meine Erfahrung von Intimität in meinem beruflichen Handeln

In meinem beruflichen Handeln erfahre ich Intimität in dem Vertrauen, das mir die Menschen entgegenbringen, die meine Hilfe brauchen. Ich möchte den Menschen, die zu mir kommen, etwas von dem Angenommen-Sein von Gott, von Seinem Erbarmen und Seiner Sorge um uns Menschen erfahrbar machen. Im Bild ausgedrückt: Ich möchte in der großen Sinfonie der Liebe Gottes, die uns Christus durch sein Kommen in unsere Welt offenbart hat, eine kleine Melodie sein. Mein Apostolat, meine berufliche Tätigkeit ist ein Teil meines Lebensraumes, in dem ich die Liebe leben kann, in dem ich als zölibatär lebende Frau meine Liebesfähigkeit entfalten kann.

Meine Erfahrung von Intimität in meiner Gemeinschaft

Ich erfahre in meiner Gemeinschaft ein selbstverständliches Angenommen-Sein, eine Wertschätzung um meiner selbst willen. Es hat für mich etwas mit Intimität zu tun, wenn mir meine Mitschwestern einfühlende Rücksichtnahme auf meine Behinderung entgegenbringen; ich meine damit eine Art von Rücksichtnahme und Hilfsbereitschaft, die mich nicht bevormundet und unfrei macht, sondern die wirklich auf meine Bedürfnisse eingeht.
Intimität verwirklicht sich für mich da, wo wir einander als Schwestern helfen, wo wir erspüren, was der Mitschwester jetzt gut tut; wo wir einander mit kleinen Aufmerksamkeiten Freude machen; wo wir Zeit füreinander haben, Leben miteinander teilen, auch unser geistliches Leben, z. B. in Glaubens- und Schriftgesprächen. Leider erlebe ich auch, daß Konkurrenzdenken, Neid und Eifersucht – ich bin selber nicht frei davon – Intimität in unserem Zusammenleben behindern und verhindern.
Unsere Gemeinschaft wird in dem Maß zu einem Lebensraum, in dem Intimität möglich ist, wie es uns gelingt, einander bedingungslos anzunehmen; wenn wir das Vertrauen wagen, unsere tiefsten Erfahrungen einander mitzuteilen, ohne die Angst zu haben, bewertet, beurteilt oder gar verurteilt zu werden. Intimität wird in dem Maße möglich, wie unsere Lebensgemeinschaft zu einem Ort wird, »wo alle (Mitglieder) und alles sein darf«.
Eine solche Lebensgemeinschaft, in der Intimität gelebt wird, ist dann auch die größte Hilfe für ihre Mitglieder, ein erfülltes, zölibatäres Leben zu verwirklichen.

Sehnsucht nach totalem Einssein

Eine Ordensfrau berichtet:

Intimität und zölibatäres Leben, wie geht das zusammen? Die Frage begleitet mich seit Beginn meines Ordenslebens. Zuvor prägten zwei Dinge meine jungen Jahre: die Liebe zur Mission mit 11 Jahren, die Liebe zu einem Priester mit 14 Jahren. Mein Leben bekam dadurch eine große Intensität.
Mit 20 Jahren trat ich in unseren Missionsorden ein. Anfangs glaubte ich, daß sich meine Jugendliebe nun wohl »verflüchtigen« würde, je näher ich dem Ziel meiner Missionsberufung komme. Dem war nicht so. Diese intensive Erfahrung des »Verliebtseins und Liebens« begleitete mich hartnäckig, obwohl – oder gerade weil – sie weder vor noch nach meinem Eintritt in Worten und Zeichen zum Ausdruck kam. Es war so etwas wie ein gegenseitiges stilles Einvernehmen und Wissen darum, das jeder von uns beiden genoß, aber keiner wagte, ihm eine klare Gestalt in der Beziehung zu geben, bis auf einige Briefe und (eher distanzierte) Besuche. Es war wohl Hilflosigkeit und Angst, die unserer Liebe ein »Schattendasein« führen ließen. Nur, wirklich verdrängen ließ sie sich nicht. Im Gegenteil, zum einen wurde die Sehnsucht, zu lieben und geliebt zu werden, immer stärker, und zum andern versuchte ich durch Selbstbefriedigung den Druck zu lösen. Die dadurch erreichte augenblickliche Entspannung brachte aber nur neues Unbehagen. Und so bemühte ich mich sehr darum, davon wieder wegzukommen. Ich bin sicher, daß mein allabendliches Gebet von Nikolaus von der Flüe, in dem ich meine Hingabe Gott gegenüber zum Ausdruck brachte, eine große Hilfe war. Es befreite mich von dem bitteren Geschmack, so etwas wie ein Doppelleben zu führen. Die Ehrlichkeit (ob des darin enthaltenen Bekenntnisses meiner Schwäche wie der Sehnsucht nach Ganzhingabe) führte mich in eine immer persönlicher werdende Beziehung zu Gott.
Was mir diese heimliche und irgendwie unglückliche Liebe aber schenkte, war zweierlei:
a) alles was mit Sexualität zu tun hatte, bekam für mich von Anfang an – mit 14 Jahren – eine positive Färbung (vorher keine Aufklärung, weder in der Schule noch im Elternhaus, noch auf der Straße).

b) Meine religiöse Entwicklung im Orden war von Anfang an geprägt von der Suche nach dem Gott der Liebe, bei dem »alle Lieben« ihren Platz haben.
– Bei der Gelübdeablegung sah das z. B. so aus: Ich sagte in meinem Innern: »Ich komme, Gott, mich Dir zu weihen; aber ich komme nicht allein, der geliebte Mensch ist in meinem Herzen anwesend«.
– Die Erfahrung der Liebe hat mich davor bewahrt, die manchmal so naiv-einseitige, verkürzt-abgehobene und verkrümmte Rede über Gott sowie eine lebensbehindernde religiöse Praxis in mein Leben aufzunehmen. Fortan galt für mich: Was jetzt über Gott und religiöses Leben gesagt und gelebt wird, darf nicht hinter der Schönheit menschlicher Liebe zurückbleiben, im Gegenteil, muß weiterführen, darüber hinausführen!
So vergingen viele Jahre. Meine Missionsberufung erfüllte sich, und ich arbeitete glücklich in afrikanischen Ländern. Schmerzlich aber war, daß diese heimliche Jugendliebe immer »heimlicher« wurde: über Jahre hin kein Brief, kein Gruß! Glücklicherweise kam ich inzwischen durch die Begegnungen mit einem Spiritual immer mehr auf einen ganzheitich-spirituellen Weg. Meine Sehnsucht nach Gottesglauben und Gottesleben, das mich mit allen Sinnen erfaßt und befriedet, fand bei ihm seine Nahrung, sein Verständnis, seine Unterstützung. Mit seiner Hilfe gelang es mir, mich nun auch innerlich von meiner glücklich-unglücklichen Jugendliebe zu verabschieden.
Und nun geschah etwas Seltsames, gleichsam eine Umkehrung: War es in der Jugendzeit die menschliche Liebe, die mich auf intensive und existentielle Weise Gott suchen ließ, so war es jetzt die Gottsuche, die – gleichsam »obendrein« – eine ganz beglückende menschliche Liebe wachsen ließ. Es war und ist mir, als ob nun beide »Lieben«, die Liebe der menschlichen Anziehungskraft zwischen Mann und Frau und die Liebe der Gottsuche ineinanderfallen.
Jetzt durfte ich ganzheitliche Liebe erfahren und Liebe schenken, durfte Haar und Haut fühlen in seiner Umarmung, durfte Zärtlichkeit, Innigkeit und Einssein im Kuß verkosten. Das Glück erzitterte in meinem Leib und in meiner Seele. Es war gehalten von dem wie selbstverständlichen und fast wortlosen Versprechen, aufeinander achtzugeben und uns auf dem Weg des zölibatären Lebens nicht zu behindern. Darunter verstehe ich, daß es beim Schenken und Verkosten der menschlichen Liebe kein genitales Einssein geben kann. Hier ist für mich/uns eine eindeutige Grenze. Ohne die Beachtung dieser

Grenze ist für mich zölibatäres Leben kein zölibatäres Leben mehr; dann ist es ausgehöhlt, doppelbödig und unglaubwürdig geworden.
Es mag zwar geschehen, daß diese Grenze überschritten wird; und dann betrachte ich das weder als eine Katastrophe noch als eine Bagatelle, sondern dann ist es, was es ist: eine Grenzüberschreitung; und ich muß mich entscheiden, in welchem Lande ich leben will. Vielleicht macht gerade diese Übertretung die wirkliche Grenze ein für alle mal deutlich. Aber diese Gefahr ist meist nicht so groß, wie sie »Unberührbaren« oft erscheinen mag. Auf große Entfernung und Distanz hin wachsen Phantasien und entwickeln sich Gefühle und Bedürfnisse, die in der Nähe des geliebten Menschen durch Erzählen, Liebkosen, Berühren in ihr ganz normales »Bachbett« zurückfließen. Aber nichtsdestotrotz ist ja diese »Gipfelerfahrung« greifbar nahe; ich spüre, daß ich diese Möglichkeit ständig in mir trage. Darum ist es für mich wichtig, wie ich mit dieser Möglichkeit, mit diesem »Kapital« umgehe, bevor es mich sonst vielleicht doch eines Tages überrascht und »überschwemmt«.
Ich erlebe immer wieder Augenblicke, wo mich diese Sehnsucht nach dem letzten und totalen Einssein heiß erfaßt. Und öfters ist es mir dann so, als ob Glück und Schmerz hier ineinanderfallen: das Glück, daß ich so etwas empfinden, empfangen und auch geben kann. Dann denke ich glückselig: Ja, ich bin *ganz;* ja, ich bin reich, ich bin eine ganz reiche Frau! Und dann ist da der Schmerz, daß ich es doch nicht geben und empfangen kann. Ich stehe da mit einem Riesengeschenk in Händen, hilflos wie ein kleines Kind, weinend vor Glück und Schmerz zugleich.
Aber ich stehe nicht allein; ich stehe da vor Ihm, dem ich mein Versprechen gegeben habe. Und dann weiß ich, daß ich Ihm mein Bestes, mein Kostbarstes gegeben habe und im Augenblick wieder gebe. Ich habe Ihm nicht etwas von mir gegeben, z.B. Arbeit, Leistung, Güter, einen starken Willen, nein, ich habe Ihm das Wesentlichste von mir gegeben, mich selbst. Bei der Gelübdeablegung habe ich Ihm im Verzicht auf das höchste Glück zwischen zwei Menschen zugesprochen, daß Er selbst das höchste Glück und Gut des Menschen ist; ich habe Ihm zugesprochen, daß ich dieses Glück von Ihm erwarte, jetzt schon! Das Beste von mir habe ich hergegeben, um von Ihm her zu empfangen, wie Er ist, wie Er sich anfühlt, wie Er schmeckt, wie es sich mit Ihm lebt.
Dieser Verzicht ist und bleibt schmerzlich, sonst wäre er kein Verzicht. Aber er ist damit keinesfalls lebenshemmend oder gar psychisch krankmachend. Im Gegenteil! (Ich habe jetzt etwas

Mühe, ins Wort zu bringen, was ich erlebe und meine!) Es ist mir so, als ob sich mir im Schmerz etwas ganz Tiefes in meine Seele senkt:
Ich bin ziemlich sicher, daß ich im Einswerden hohes Glück und Lust genießen würde.
Ich weiß, daß ich im Schmerz eine Tiefe erfahre, die sich mehr und mehr anfühlt wie Fülle, Ganzheit, Frieden. Und ich weiß gar nicht, ob ich wirklich das Zweite für das Erste eintauschen wollte. Ich glaube nicht, nein, ich glaube nicht!
Wenn ich meine Beziehung zu dem geliebten Menschen anschaue und wie sie sich auswirkt, dann erscheint es mir so: Durch die unverhoffte, unverdiente und absichtslos geschenkte Zärtlichkeit, Zuwendung und Liebe gerät ein Zipfel meines Beziehungsgefüges heftig in Bewegung; und nach und nach erfaßt diese Bewegung das ganze Gefüge. Alle meine Beziehungen bekommen eine andere Qualität, eine neue Färbung; Wärme ist darin und Verstehen, Wachheit und Feinfühligkeit, Güte und Dankbarkeit. Ich bekomme das Gefühl, andere Menschen »mitternähren« zu können, Mutter sein zu können. Ich fühle mich dem Himmel zugehörig und zugleich innig mit der Erde verbunden.
Ein wichtiger Zipfel dieses Gefüges – *der* Zipfel – ist meine Beziehung zu Gott. Die Veränderung hier mag ich so umschreiben: Vorher habe ich Gott wie ein Standbild verehrt und geliebt. Ich habe es geschmückt und Ihm alles gebracht, Freude und Dank, Wünsche und Sorgen, Not und Bitten – und habe würdig Abstand gehalten, wie es sich vor einem Denkmal gebührt, sicher und ungefährlich. Nun aber kommt Gott gleichsam von seinem Sockel herunter, mir entgegen und hinein in mein aufgebrochenes Herz, in die Mitte meines Fühlens und Denkens. Das ist beglückend, aber mitunter auch schmerzvoll. Mit allem Guten, was Er für mich mitbringt, hat auch Er nun seine Wünsche an mich, seinen Plan mit mir. Der Ernstfall »Gott« ist eingetreten. Aber ob Glück oder Schmerz, ich spüre Leben, intensives Leben. Ich weiß nicht, warum es so ist, aber es scheint, daß der Schmerz – eher als das Glück – die tieferen Schichten erreicht und Leben, intensives Leben freisetzt. Aber Schmerz ohne Glück wäre nicht auszuhalten und unfruchtbar!
Doch auch umgekehrt gilt: Gott zu erfahren, bringt mich dem geliebten Menschen näher. Ich vergesse nie die beglückende Erfahrung mit der Geschichte des Elija am Gottesberg Horeb: Gott war nicht im Sturm, nicht im Feuer ..., er war in einem leichten Säuseln. In einem kurzen Moment hat Gott meine Seele berührt,

eine Berührung, die mich Liebe verkosten ließ und auch meinen Leib mit einem wunderbaren Wohlgefühl erfüllte, ein Gefühl, das jenem zärtlichen Gefühl in der Nähe des geliebten Menschen ähnelte. Vielleicht war es dieses Gefühl, das mich nun diesen Menschen auch in der Gegenwart Gottes als gegenwärtig erfahren ließ. Wie auch immer: In dieser Stunde habe ich die ganze Innigkeit der Liebe erfahren in der göttlichen und in der menschlichen Dimension. Und ich kann nur sagen: Es gibt im Grunde nur *eine Liebe.*

Seit dieser Zeit ist dieser geliebte Mann das menschliche Antlitz Gottes für mich. Unsere Beziehung ist zu einer Dreierbeziehung geworden, Gott ist in ihr der gemeinsame Dritte. An diesen Kreislauf der Liebe schließe ich all jene Menschen an, die mit mir verbunden sind, denen ich begegne.

Das anbrechende Gottesreich nimmt meine sexuellen Kräfte in seinen Dienst

Dieser Bericht wird anonym veröffentlicht, und das ist gut so. Dennoch scheint es mir wichtig, dem Leser zu sagen, daß ich Priester bin, fünfzig Jahre alt, und meine Erfahrungen mit bewußtem zölibatärem Leben gut dreißig Jahre umfassen.

Eine erste Gestalt

Zu meiner ersten bewußten Entscheidung für ein zölibatäres Leben habe ich mich in der Zeit vor dem Abitur, während meiner Dienstzeit bei der Bundeswehr und schließlich zu Beginn des Theologiestudiums durchgerungen. Diese erste Entscheidung war geprägt von der Vorstellung: Zölibatär leben heißt, Gott zu wählen anstelle eines Mitmenschen. Die Stelle, die im »normalen« christlichen Leben eine Freundin einnimmt, ein Freund, der Ehepartner, sollte in meinem Leben Gott einnehmen. Intimität mußte Gott allein vorbehalten bleiben.

Eher unbewußt oder durch Rationalisierungen gerechtfertigt, suchte ich dennoch menschliche Nähe, und sie wurde mir auch angeboten. Aber sie war schnell von Ängsten besetzt, vom Gefühl, in meiner Berufung vor Gott zu versagen und dafür eines Tages verurteilt zu werden. Aus Angst vor dem Allein-bleiben klammerte ich mich an eine Freundschaft zu einem Studienkollegen, die aber pathologisch verlief und scheiterte.

Menschen, die mir in den ersten Dienstjahren näherstanden, erlebten mich freundlich, aber gleichzeitig überanstrengt, nicht unnahbar, aber oft unklar in Nähe und Distanz. Die beschriebenen Vorstellungen verstärkten dunkle und harte Züge in meinem heimlichen Gottesbild. Fast beschwörend redete ich vom barmherzigen Gott. Der Glaube wurde mir zu einer Last, die an meiner Gesundheit zehrte und von der ich mich zunehmend fragte, ob Gott sie wirklich so auferlegen konnte.

Dennoch fühlte ich mich irgendwie hingezogen zur zölibatären Lebensform. Ich habe sie ernsthaft nie aufgeben wollen. Die Selbsterfahrung, die in meiner geistlichen, psychologischen und pastoralen Weiterbildung gefördert wurde, erschloß mir schrittweise (lange nach meiner Priester- bzw. Diakonenweihe) die biographische Basis meiner zölibatären Orientierung. Sie steht wohl in engem Zusammenhang mit dem Tod meiner Schwester, der mich in meiner frühen Kindheit traf, und mit analogen Erfahrungen, die mein Leben bis heute begleiten. Auf der (durch Träume und Erinnerungen ausgelösten) Suche nach meiner Beziehung zu dieser Schwester bin ich mir schließlich ihrer Bedeutung für mein zölibatäres Leben bewußt geworden. Meine Entscheidung entwickelte sich weitgehend unbewußt aus einer Mischung von Beziehungsangst (wenn Beziehungen so vom Tod bedroht sind, dann möchte ich lieber darauf verzichten); gleichzeitig war da das Empfinden, schon früh vor Fragen gestellt worden zu sein, die durch menschliche Beziehung nicht gelöst werden können. Hinter der Angst und hinter den Fragen stand eine tiefe Sehnsucht nach erfüllter und bleibender menschlicher Beziehung, und ich lernte und lerne noch, diese Sehnsucht vor Gott und von Gott anzunehmen. Heute, im Licht des Evangeliums, kann ich es so sehen (ich hoffe, es so sehen zu dürfen): Mein zölibatäres Leben ist meine Antwort auf einen zuerst im Tod meiner Schwester empfangenen Anruf: Suche zuerst das Reich Gottes und die Liebe Gottes in Jesus Christus. In ihrer Wandlungskraft wird menschliche Beziehung »bleiben« (Joh). Je mehr ich lerne, mit dieser Einsicht zu leben, desto mehr wächst meine Dankbarkeit für eine Befreiung aus falschen Verengungen. Meine zölibatäre Berufung bezieht sich nicht einfach auf Gott, sondern auf menschliche Gemeinschaft in Gott.

Familiäre Beziehungen – Intimität in meiner Familie

Die beschriebene Entwicklung gab mir auch einen offenen Blick und ein offenes Herz für das, was mir geschenkt wurde in den Beziehungen, in denen ich groß werden durfte. Die Gemeinschaft mit meinen Eltern ist positiv verlaufen, auch wenn Störungen und Schwierigkeiten nicht ausgeblieben sind. Meine Eltern wurden entscheidend für die tiefen Gründe in meinem Verhältnis zu Gott. Von meiner Mutter habe ich den Zugang zur Tragkraft des

Lebens, zum verschwiegenen Halt, der sich auch in Krisen und Katastrophen bewährt. Mein Vater wurde mir in seinen letzten Jahren zum Vorbild. Durch seine Krankheit ließ er sich einführen in die Kunst des Loslassens und in die Kunst des Sterbens und zugleich in ein neues Ja zum Leben, das ihn umgab. Von der neuen Gestalt, in der er mir seit seinem Tod nahe ist, fällt ein Schimmer der Verklärung in meine Auseinandersetzung mit dem Tod lieber Mitmenschen, den ich akzeptieren muß, und mit meinem eigenen Sterben. Und diese Auseinandersetzung liegt ja ganz nahe bei meiner zölibatären Motivation.

Zu großem Dank bin ich auch meinen Schwestern und Brüdern und deren Partnerinnen und Partnern verpflichtet. Zwischen uns sind tiefe Verbindungen gewachsen. Ihnen vor allem verdanke ich die (nie ganz verlorene) Fähigkeit zu nahen, emotional befriedigenden, partnerschaftlichen Beziehungen zu Frauen und Männern ohne unmittelbar sexuelle Elemente und ohne Einengungen im Hinblick auf die individuellen Lebenswege.

Theologische Einsichten

Die Erfahrungen, die ich zu beschreiben versuche, wurden gestützt und vertieft durch meine theologischen und biblischen Studien. In Jesus Christus, den wir Christen als das Zentrum der Liebe erfahren dürfen, sind Gottes- und Nächstenliebe, Gemeinschaft mit Menschen und Gemeinschaft mit Gott unterschieden, aber untrennbar eins. Das gilt, in je eigener Weise, für jede christliche Lebensform.

Zölibat und freundschaftliche Intimität

Auf diesem Weg konnte ich nun endlich Freundschaft und Nähe ohne Schuldgefühle zulassen und annehmen. Ich wurde frei, Freundschaft zu suchen. Dazu mußte ich dann nur die Nähe offen erwidern, die mir einige Menschen schon lange entgegenbrachten. Heute weiß ich, daß den Beziehungen zu meinen Geschwistern eine Art Patenschaft für diese neuen Wege zukommt. In der Nähe, die mir geschenkt wurde, war meine zölibatäre Motivation geachtet und der Vorrang des Reiches Gottes, so wie er sich im Zölibat ausprägt.

Inzwischen gibt es – über die bleibenden und wichtigen familiären Beziehungen hinaus – einige Menschen, bei denen ich

mich als zölibatär Lebender *auf Dauer geachtet, geliebt und geborgen* fühle. Es sind Frauen und Männer, verheiratete und zölibatäre Menschen, Laien und Priester. Innerhalb dieser Gruppe oder in Verbindung mit ihr bin ich mit zwei oder drei Personen, die ebenfalls (aus anderen Motiven als ich) ehelos leben, in lebensübergreifender Freundschaft verbunden. Hier konnte und kann ich, soweit es möglich ist, mein Leben aussprechen und anvertrauen, und ich empfange eine entsprechende Antwort.
Es ist schön, in diesen Freundschaften leben zu dürfen. Sie bringen oft tiefe *Freude* auf meinen zölibatären Weg. Aber sie sind auch eine große *Herausforderung.* Ich bin z. B. konfrontiert mit meiner Eifersucht, mit meiner Tendenz, einen nahen Menschen für mich allein festzuhalten. Diese Eifersucht in mir war mir nicht bewußt. Die Freundschaft wirkt hier konfrontierend und heilend. Einerseits erlaubt sie mir, mit immer weniger und eines Tages vielleicht ohne Eifersucht auszukommen. Andererseits erfordert die zölibatäre Freundschaft, den Freund, die Freundin immer wieder freizugeben in seine und ihre eigene Verantwortung, in seine und ihre eigenen Beziehungen. Die Freundschaft nimmt mir *die Krisen des zölibatären Lebens* nicht ab, aber sie hilft, sie anzunehmen, zu tragen und zu bestehen.
Zu diesen Krisen rechne ich Depressionen über den Verlust, der zum zölibatären Weg gehört, und dann vor allem die Krise des Alleinseins, die jeder Mensch bestehen und verstehen muß, die aber den zölibatären Menschen doch eigens einfordert. Zölibatäre Krisen sind für mich auch die Erfahrung, daß (fast) alle anderen anders leben als ich, auch Krisen im Verhältnis zur Kirche und zur kirchlichen Autorität. Gruppe und Freundschaft schaffen meiner psychischen Stabilität eine gesunde Unabhängigkeit von kirchlichen Autoritätsstrukturen, mit denen der konkrete Zölibat ja eng verflochten ist. Gruppe, Freundschaft und die familiären Beziehungen helfen mir, mich – auch außerdienstlich – unbefangen unter Menschen zu bewegen, die anders leben als ich, und keine sexuellen Kompromisse zu suchen in einem »Privatleben«, das von meinem Beruf und meiner öffentlichen zölibatären Identität abgespalten ist. Die Versuchung dazu kenne ich. Darüber hinaus erfahre ich in der Gruppe, vor allem im Gespräch mit Verheirateten oder Verliebten, daß das Zeugnis zölibatären Lebens *in Korrespondenz* steht *zu anderen Lebensformen* und Ergänzung braucht durch das Zeugnis der Ehe und der sexuellen Gemeinschaft.
Die Frage, wie die verschiedenen Lebensformen sich gegenseitig stützen, in ihrem Eigenen fördern und ergänzen können, wird

immer wieder zum Thema. Auch *meine dienstlichen Begegnungen und Beziehungen* werden günstig beinflußt. Die Gruppe hilft mir, vor schwierigen seelsorglichen Begegnungen nicht so leicht zurückzuschrecken und Konflikte in der pastoralen Arbeit besser auszuhalten. Die Gruppe gibt mir aber auch Sicherheit, wo ich mich in den Reizen einer schönen Begegnung verlieren könnte. Ich kann leichter darauf verzichten, mir – versteckt oder unbewußt – in dienstlichen Begegnungen fehlende menschliche Nähe zu verschaffen. Der andere Mensch kann sich öffnen, wenn er spürt, daß seine Freiheit nicht bedroht ist, und so empfange ich auch im Dienst oft tiefere Bereicherung.
Seit ich in der Freundschaft und in der Gruppe leben darf, ist mein Leben deutlicher strukturiert. Es gibt *strukturierende Orte und Zeiten.* Ich unterscheide zwischen Sonntag und Werktag. Anspannung und Entspannung wechseln.
Wie sich die Freundschaft auf *mein Gottesbild* und auf seine Gemeinschaft mit mir auswirkt, das mag von Anfang an zwischen den Zeilen zu lesen sein. Nur soviel möchte ich noch ausdrücklich hinzufügen: Die Freundschaft stärkt meine Selbstannahme, und so hoffe ich, auch von mir her klarer und offener vor Gott zu stehen und vor ihm dazusein. Kontemplation und Gebet sind nicht nur Pflicht, sondern gesuchte Zeiten des Tastens nach Gott und des Wartens auf sein Wort. In Jesus hat er uns seine Freunde genannt. Viele biblische Gottesbilder sind in mir vom Verstand zum Herzen gewandert, und ich ahne etwas von der Mühe und der Läuterung, die Gott noch einsetzen muß, um mich in seine Liebe einzustimmen. Die Freundschaft ist für mich Herausforderung, auch diese Läuterung und ihren Schmerz anzunehmen.

Zölibatäre Freundschaft und Sexualität

Meine sexuelle Entwicklung war von Kindheit an eher positiv und angstfrei. Ich erinnere mich dankbar an die warme und akzeptierende Reaktion meiner Mutter auf Doktorspiele mit Kindern in der Nachbarschaft. Diese Positivität erfuhr dann im Internat eine jähe Unterbrechung. Masturbationen wurden derart mit Schuldgefühlen und Beichtzwang beladen, daß mein latent gutes Verhältnis zu meiner Sexualität nachhaltig gestört wurde. Meine sexuelle Entwicklung und Reifung wurde auch dadurch schwer beeinträchtigt, daß selbst in der gymnasialen Oberstufe jeder nähere Kontakt zu gleichaltrigen Frauen verboten war, ver-

folgt und bestraft wurde. Wenn ich dennoch psychisch nicht aus der Bahn geworfen wurde, so verdanke ich das den schon genannten Geschwisterbeziehungen, hier zuerst meinen Schwestern. Unser Verhältnis war unkompliziert, und in den Ferien konnten wir viel zusammen unternehmen.
Ein integrierendes Verhältnis zu meiner Sexualität habe ich aber erst nach langen Gesprächen in der Gruppe und in den Freundschaften gefunden. Ich lernte allmählich, enttabuisierend mit meiner Sexualität und mit meinen Reaktionen auf die Sexualität anderer Menschen umzugehen. Mein innerer Empfindungsreichtum wuchs. Ich konnte sexuelle Bilder und Phantasien entwickeln, die für mich heilsam waren und mein Wachstum förderten. Nicht zuletzt halfen mir befreundete Männer und Frauen, die mit mir offen über ihre sexuellen Erfahrungen sprachen.
Heute erlebe ich, wie auch meine Sexualität, mein Trieb, mein sexuelles Suchen und Wahrnehmen, die Bilder, die in meiner Phantasie entstehen und mich begleiten, ausgerichtet sind auf die Erfüllung, die menschliche Gemeinschaft im dreieinigen Gott erhoffen darf. Umgekehrt glaube und hoffe ich, daß das anbrechende Gottesreich auch meine sexuellen Kräfte unmittelbar in seinen Dienst nimmt. Auf meinem Weg lösen sich Krisen, in denen meine Sehnsucht ins Leere zu laufen scheint, und Augenblicke der Erfüllung ab. Da durchpulst mich das Bewußtsein: Ja, es ist gut, daß ich als Person mit meiner sexuellen Prägung, mit Leib und Seele da bin. Sexualität wird dann auch für mich zum stärksten Ausdruck dafür, daß auch in Gott niemand sein Mensch-sein ohne den Mitmenschen finden kann, daß wir aufeinander angewiesen und zur Gemeinschaft bestimmt sind, daß es mir wesentlich ist, mich für andere und mit anderen in der Entfaltung der Liebe zu verausgaben und zu empfangen.
Es gibt (selten, aber klar) Augenblicke der Erfahrung der Einheit mit allen Menschen und mit der Schöpfung vor Gott. Wenn mich dieses Empfinden begleitet, dann fällt mir die Verzicht-Seite des Zölibats, die Enthaltsamkeit, der Verzicht auf sexuelle Aktivität und sexuelle Vereinigung (mit den entsprechenden Abgrenzungen) normalerweise nicht besonders schwer – obwohl ich sehr empfänglich bin für sexuelle Impulse und sie zu meinem Alltag dazugehören. Manchmal irritieren sie mich, manchmal überwältigen sie mich. Sie zeigen mir meine »Verwundbarkeit«. Ich sehe, daß ich meine sexuelle Kräfte nicht beherrschen kann, sondern darauf angewiesen bin, ein gutes Verhältnis zu ihnen zu finden und zu gestalten. Manchmal geht mir alles viel zu lange,

und alles in mir schreit nach einer Begegnung – ohne Aufschub, ohne Verzicht, ohne Grenzen. Die Freundschaft und die Beziehungen in der Gruppe schaffen den Raum, in dem ich diese Stürme akzeptieren kann und dann auch in ihnen, durch Gespräche, Schweigen und Gebet, wieder jene Sehnsucht finde, die am Anfang meiner zölibatären Entscheidung steht.
In der Freundschaft selbst schützt nach meiner Erfahrung vor allem die (lange eingeübte) gegenseitige Achtung vor der Lebensform und der Integrität, vor den Beziehungen und Verpflichtungen des anderen. Der offene Austausch in der Freundschaft fördert das Klima, in dem diese Achtung wächst, Krisen besteht und nach Brüchen auch wieder heilen kann. Inzwischen weiß ich aus vielen Erfahrungen und auch aus Gesprächen mit anderen (Zölibatären und Verheirateten), daß es eine dem zölibatären Weg eigene Kultur der Zärtlichkeit gibt, die nicht auf sexuelle Vereinigung angelegt ist.

Schlußbemerkung

Es geht nach meinem Verständnis im Zölibat um Beziehungen und nicht um deren Vermeidung. Etwas von der Freude, vom Schmerz, von der Sehnsucht im anbrechenden Reich Gottes erfahren zu dürfen, meinen Beitrag, zu dem der Zölibat und meine Erfahrungen im Zölibat gehören, dazulegen dürfen – zusammen mit anderen, die anderen Berufungen folgen: Das, so hoffe ich, wird meinen zölibatären Weg tragen bis ans Ende, bis die Hochzeit des ewigen Lebens die ganze Schöpfung durchdringt.

EPILOG

WUNIBALD MÜLLER

»Wir werden niemals ganz wirklich sein, solange wir nicht zugelassen haben, uns zu verlieben«

»Der Mensch ist am menschlichsten und am meisten wird seine Menschlichkeit auf die Probe gestellt durch die Qualität seiner Beziehung zu einer Frau«, sagt Thomas Merton (1966, 190). Und weiter meint er: »Im Kloster geht man vom Ideal her gesehen davon aus, daß wir mit unserem Gelübde der Keuschheit die eheliche Liebe übersteigern in etwas Reineres, Perfekteres ... Das sollte dann aus uns die allermenschlichsten Menschen machen. Doch das Problem ist: Wie kann man weiter gehen mit etwas, das man überhaupt noch nicht erreicht hat? Das heißt nicht, daß man erst dann wirklich ein Leben der Jungfräulichkeit leben kann, wenn man verheiratet gewesen ist ... Das heißt vielmehr, daß wir nicht vollkommen lieben können, wenn wir nicht auf irgendeine Weise reif und wahrhaftig geliebt haben«. Thomas Merton schreibt das zu einer Zeit, in der er gerade selbst sich unsterblich in eine Krankenschwester verliebt hatte und diese Erfahrung ihn zunächst in allergrößte seelische Not brachte, schließlich aber dazu beitrug, daß er innerlich daran wuchs und in seiner Berufung als Mönch und Einsiedler bestärkt wurde.

Thomas Merton hat aus seiner Liebesbeziehung kein Geheimnis gemacht, weil er immer ganz offen sein wollte, »sowohl über meine Fehler wie über mein Bemühen, etwas Sinnvolles aus meinem Leben zu machen. Meine Situation mit Margie zeigt meine Grenzen auf und eine Seite von mir, die – nun ja, auch bekannt sein muß, denn sie ist ein Teil von mir. Mein Verlangen nach Liebe, meine innere Zerrissenheit, der Kampf, bei dem Einsamkeit zugleich ein Problem und eine Lösung sein kann« (Griffin 1993, 94).

In dieser Zeit, als Thomas Merton (1992, 144) sich offensichtlich unsterblich in die Krankenschwester Margie Smith verliebte, schreibt er: »Die Liebe bringt dich außer dich. Du verlierst die Kontrolle über dich. Du ›fällst‹. Du wirst verwundet. Es bringt deinen geregelten Alltag durcheinander. In dir erwachen Gefühle, du entwickelst Phantasie, du wirst verletzlich, wirst töricht. Du bist nicht länger damit zufrieden, zu essen und zu

schlafen ... Du mußt dich jetzt von dieser Kraft forttragen lassen, die stärker ist als die Vernunft«.
An einer anderen Stelle (1985, 26) schreibt Thomas Merton: »Unser englischer Ausdruck ›to fall in love‹ (in die Liebe fallen) legt eine unvorhergesehene Panne nahe, die verhängnisvoll sein kann, aber nicht sein muß. Du befindest dich auf einer Party: Du trinkst einen über den Durst. Du entscheidest dich, im Garten etwas spazieren zu gehen. Du merkst nicht, daß da ein Swimming-Pool ist ... und plötzlich mußt du schwimmen. Gott sei Dank fischen sie dich heraus und du bist zwar naß, aber noch in Kleidern. So verhält es sich mit der Liebe. Wenn du nicht darauf achtest, wohin du gehst, dann kann es dir passiern, daß du darin landest: Die Erfahrung ist in der Regel eher lächerlicher Art. Deine Freunde werden ihren Spaß daran haben, und wenn sie zu dieser Zeit um dich herum sind, dann werden sie ihr Bestes tun, dich vom Wasser wegzubringen, hin zu einem angenehmen Stuhl, wo du dich ausruhen kannst. Manchmal ist der Pool natürlich leer. Dann wirst du nicht naß, dann wird das Hautabschürfungen oder einen gebrochenen Arm zur Folge haben. Von ›fall in to‹ (hinein fallen) zu sprechen heißt mitunter, die Verantwortung deines eigenen Willens einer kosmischen Kraft, der Schwerkraft vergleichbar, zu übergeben. Du ›fällst‹, wenn du von einer Kraft davongetragen wirst, die außerhalb deiner Kontrolle existiert. Wenn du einmal begonnen hast, kannst du nicht mehr aufhören. Du bist verloren. Du weißt nicht, wohin das führen wird.«
Thomas Merton verliert in der Zeit, als er sich unsterblich in Margie Smith verliebt, die Kontrolle. Er gerät total durcheinander und wird aus seiner Bahn geworfen. Er übergeht viele Regeln, läßt sich alle möglichen Tricks einfallen, benutzt andere, um sie sprechen oder sehen zu können. Er läßt auch Gedanken zu, mit ihr zu leben. Er sehnt sich danach, eins mit ihr zu werden, körperlich und seelisch. So schreibt er zu dieser Zeit: »Tief, ganz tief in uns drinnen, Liebling, gibt es etwas, das uns anweist, uns vollständig loszulassen. Das meint nicht nur das Loslassen, wenn die Kleider zu Boden fallen und sich die Körper aneinander pressen ohne Stoff dazwischen. Nein, es geht um die viel aufregendere Auslieferung, daß sich unser Sein selbst der Nacktheit der Liebe ausliefert, es geht um eine Vereinigung, bei der kein Schleier der Illusion mehr zwischen uns ist. Liebling, ich sehne mich bis zum Wahnsinn danach. Verstehst du das? Brauchst du mich genauso?« (Merton 1992, 140f.).
Thomas Merton hat nie zuvor eine Frau wirklich geliebt, sagt

mir P. Matthew Kelty, der ihn kannte und mit dem er befreundet war. Ich treffe P. Matthew während eines Aufenthaltes in der Abtei Gethsemane, in der Thomas Merton fast 30 Jahre lebte. Da gab es Frauen vor seinem Klostereintritt, meint er, aber das war nur Sex. Für ihn ist auch klar, daß Thomas Merton keine sexuelle Beziehung mit Margie Smith hatte. Es war aber offensichtlich eine Beziehung, die weit tiefer ging als es ein »nur« sexuelles Zusammensein vermocht hätte, wenngleich auch das emotionale und sexuelle Angezogensein einen wichtigen Teil ausmachte, bis dahin, daß diese Beziehung körperliche Nähe kannte. So schreibt Thomas Merton (1992, 143):

Der Tod ist nicht so stark
Seide ist stärker.
Der Abdruck
Deiner Brüste
In meinem Herzen.
Tief in mir
Ist dein köstlicher Hügel
Tief in mir
Dein seidener Schrei.

Thomas Merton wollte das, was er für Margie empfand, wollte die Beziehung zu ihr, in sein bisheriges Leben integrieren, wollte eine Freundschaft, eine zölibatäre Freundschaft, wie sie von anderen vorgelebt worden war, obwohl er einschränkend zugestehen mußte, daß Margie »so furchtbar entflammbar und schön« war. An dem Tag, als er mit Margie eine Weile am Flughafen in Louisville verbracht hatte, stand er mitten in der Nacht auf und schrieb folgendes Gedicht über seine Begegnung mit ihr (Merton 1992, 152):

Wenn ein wertloser Anfang
Strahlenden Feuers
Aus dem Herzen aufsteigt
Und der Abend eine Flamme wird
Die alle Propheten
Richtig voraussahen
Zieht Klarheit überall ein
Erschafft die ganze Welt
Noch einmal
Gibt es nur diese eine Liebe
Die jetzt unsere Welt ist

«Wir werden niemals ganz wirklich sein, solange wir nicht zu-

gelassen haben, uns zu verlieben – entweder mit einer anderen menschlichen Person oder mit Gott« schreibt Thomas Merton um diese Zeit (1985, 27). Nach einem Picknick, an dem Margie Smith teilnahm, spürte Thomas Merton bei sich, daß er durch die Begegnung und die Anwesenheit von Margie wie nie zuvor in seinem Leben mit seiner tiefen Fähigkeit zu menschlicher Liebe in Berührung gekommen war und daß er zu einer Liebe mit unendlicher Vollkommenheit fähig war. Er durfte die Erfahrung machen, daß er in Wahrheit fähig war, zu lieben und hinter seinem Gelübde sich nicht ein emotionaler Krüppel verbarg (vgl. Griffin 1993, 86) .
Thomas Merton versuchte seine Sehnsucht nach Margie in Einklang zu bringen mit seiner Berufung zur Einsamkeit, seiner Weise von Leere und Unwissenheit, seinem inneren Schweigen und seiner Messe, die, so Thomas Merton in seinem Tagebuch, »in diesen Tagen sehr leidenschaftlich ist und bei der ich mich am meisten mit ihr vereinigt fühle« (in: Griffin 1993, 67).
Er entscheidet sich schließlich für die Einsamkeit. Es fällt ihm sehr schwer, und es gibt »Rückfälle«. Zumindest gelingt es ihm aber, Margie loszulassen. »Noch immer war alles angefüllt von der Macht unserer Liebe«, schreibt er, »aber«, so fährt er fort, »ich betrachte es als Torheit und Untreue, es fortzusetzen, und sei es nur in meinem eigenen Herzen. Ich muß es einfach loslassen und meinen Weg gehen. Und das ist, was ich tue ..., wobei ich weiterhin ein warmes und tiefes Gefühl für sie empfinde« (94).

In dunkler Nacht, entflammt von Liebessehnen

Fast zwanzig Jahre vorher, an Ostern 1947, zitiert Thomas Merton (1954, 46) in seinem Tagebuch Johannes vom Kreuz mit den Worten:

In dunkler Nacht
Entflammt von Liebessehnen –
O Schicksalsgunst
Ging ich von dannen
Unbemerkt
Denn mein Haus schlummert noch!

Thomas Merton (1954, 46 f) feiert mit diesen Worten die mystische Erfahrung, die einhergeht, wenn die »Ewige Liebe Gottes in uns Einkehr halten darf ... Diese Liebe ist höher als alles ... Sie ist das Eine Notwendige ... Sie ist das Band, das uns mit Gott eint«.

Als Thomas Merton das schrieb, waren das sicher Worte, die aus seinem ganzen Herzen heraus geschrieben worden waren, und er hatte sicher entsprechende Erfahrungen gemacht. Doch durch die Begegnung mit Margie und das, was sie bei ihm auslöste, scheint eine Tiefe in ihm entbunden worden zu sein, die ihn noch näher an das herangebracht haben dürfte, die ihn noch mehr spüren und wirklich in der Tiefe seines Herzens erfahren ließ, was es heißt, ja wie es sich anfühlt, Gott mit Leib und Seele zu lieben und von ihm mit Leib und Seele geliebt zu werden.

In diesen turbulenten Wochen der Situation mit Margie entstand Thomas Mertons (1992, 113 f) Essay »Ein Tag im Leben eines Fremden«. Darin heißt es: »Wie allseits bekannt, sind alle Mönche unverheiratet, und die Einsiedler sind die ehelosesten von allen. Nicht daß ich etwas gegen Frauen hätte. Ich sehe keinen Grund, warum ein Mann nicht zu gleicher Zeit Gott und eine Frau lieben können sollte. Hätte Gott die Frauen voll Eifersucht betrachtet – warum wäre er dann hingegangen und hätte sie an erster Stelle erschaffen? Es wird viel über einen verheirateten Klerus diskutiert. Interessant. Bisher ist noch nicht viel über verheiratete Einsiedler gesagt worden. Naja, jedenfalls habe ich das Haus voller Ikonen der Jungfrau Maria.«

»Man könnte sagen«, so fährt er fort, »ich habe beschlossen, mich mit dem Schweigen des Waldes zu vermählen. Die süße dunkle Wärme der ganzen Welt wird meine Frau sein müssen. Aus dem Herzen dieser dunklen Wärme quillt das Geheimnis, das man nun schweigen hört, aber das ist die Wurzel aller Geheimnisse, die von allen Liebenden in allen Betten und auf der ganzen Welt geflüstert wird. So habe ich vielleicht die Pflicht, die Stille zu hören, das Schweigen, die Armut, den jungfräulichen Punkt der reinen Nichtigkeit, der im innersten Kern aller anderen Lieben ist. Ich versuche, diese Pflanze ohne viele Worte mitten in der Nacht zu kultivieren und sie schweigend mit Psalmen und Prophetenworten zu gießen. Sie wird zum seltensten von allen Bäumen im Garten, sie ist der ursprüngliche Paradiesesbaum, die axis mundi und zugleich die kosmische Achse, das Kreuz. Kein Wald bringt einen solchen Baum hervor. Es gibt nur einen Baum. Er läßt sich nicht vermehren. Er ist nicht interessant.«

Literatur

Roberto Assagioli, Psychosynthese und transpersonale Entwicklung, Paderborn 1992
Howard Griffin, Follow the Ecstacy. The Hermitage Years of Thomas Merton, New York 1993
Anselm Grün, Ehelos – des Lebens wegen, Münsterschwarzach 1989
Rollo May, Love and Will, New York 1969
Thomas Merton, Das Zeichen des Jonas, Köln 1954
Thomas Merton, Conjectures of a guilty Bystander, Garden City 1966
Thomas Merton, Love and Living, San Diego 1985
Thomas Merton, Zeiten der Stille, Freiburg 1992
Wunibald Müller, Intimität. Vom Reichtum ganzheitlicher Begegnung, Mainz [3]1995
Wunibald Müller, Liebe und Zölibat, Mainz [2]1995
Fidelis Ruppert, Urwald und Weisheit. Bilder vom zölibatärem Leben, Münsterschwarzach 1995